SOB O SIGNO DAS FÚRIAS

Catalogação na Fonte
Elaborado por: Josefina A. S. Guedes
Bibliotecária CRB 9/870

S587s
2019
Silveira, José Renato Ferraz da
Sob o signo das fúrias / José Renato Ferraz da Silveira.
1. ed. – Curitiba : Appris, 2019.
85 p. ; 21 cm (Artêra)

ISBN 978-85-473-3676-9

1. Ficção brasileira. 2. Crônicas. 3. Ensaios. I. Título. II. Série.

CDD – 869.3

Editora e Livraria Appris Ltda.
Av. Manoel Ribas, 2265 – Mercês
Curitiba/PR – CEP: 80810-002
Tel: (41) 3156 - 4731
www.editoraappris.com.br

Printed in Brazil
Impresso no Brasil

José Renato Ferraz da Silveira

SOB O SIGNO DAS FÚRIAS

Editora Appris Ltda.
1.ª Edição - Copyright© 2019 dos autores
Direitos de Edição Reservados à Editora Appris Ltda.

Nenhuma parte desta obra poderá ser utilizada indevidamente, sem estar de acordo com a Lei nº 9.610/98. Se incorreções forem encontradas, serão de exclusiva responsabilidade de seus organizadores. Foi realizado o Depósito Legal na Fundação Biblioteca Nacional, de acordo com as Leis nos 10.994, de 14/12/2004, e 12.192, de 14/01/2010.

FICHA TÉCNICA

EDITORIAL	Augusto V. de A. Coelho
	Marli Caetano
	Sara C. de Andrade Coelho
COMITÊ EDITORIAL	Andréa Barbosa Gouveia (UFPR)
	Jacques de Lima Ferreira (UP)
	Marilda Aparecida Behrens (PUCPR)
	Ana El Achkar (UNIVERSO/RJ)
	Conrado Moreira Mendes (PUC-MG)
	Eliete Correia dos Santos (UEPB)
	Fabiano Santos (UERJ/IESP)
	Francinete Fernandes de Sousa (UEPB)
	Francisco Carlos Duarte (PUCPR)
	Francisco de Assis (Fiam-Faam, SP, Brasil)
	Juliana Reichert Assunção Tonelli (UEL)
	Maria Aparecida Barbosa (USP)
	Maria Helena Zamora (PUC-Rio)
	Maria Margarida de Andrade (Umack)
	Roque Ismael da Costa Güllich (UFFS)
	Toni Reis (UFPR)
	Valdomiro de Oliveira (UFPR)
	Valério Brusamolin (IFPR)
ASSESSORIA EDITORIAL	Renata Miccelli
REVISÃO	Florence Emanuelle Manoel
PRODUÇÃO EDITORIAL	Lucas Andrade
DIAGRAMAÇÃO	Bruno Ferreira Nascimento
CAPA	Fernando Nishijima
COMUNICAÇÃO	Carlos Eduardo Pereira
	Débora Nazário
	Karla Pipolo Olegário
LIVRARIAS E EVENTOS	Estevão Misael
GERÊNCIA DE FINANÇAS	Selma Maria Fernandes do Valle

À minha amada mãe, Lídia... com todo amor, afeto, carinho e ternura.

AGRADECIMENTOS

A Orestes, personagem emblemático da tragédia grega, que me inspirou na criação do título desta obra.

Aos meus pais, Lídia e José, pelo apoio, carinho e amor.

À minha felina, Maria Lúcia Viana Cardoso. Seu jeito de me cuidar e me amar é extraordinário.

Aos amigos Leonardo, Augusto, Fábio, Junior, André, Daniel e Luciano.

Aos meus gatos, Ping, Kitty e Sophie.

À minha Lady Macbeth.

À Universidade Federal de Santa Maria, por esses intensos e agitados 10 anos.

Às Fúrias: Alecto (ira, cólera e soberba), Megera (rancor, inveja e ciúme), Tisífone (vingança).

E não poderia esquecer-me dessas pessoas maravilhosas que me ajudaram num momento crítico: Claire, Vitor Hugo, Vitor, Luciana, Fabiana, Enzo, Stefano, Flora, Ricardo Jobim, Gabriel, Michel, Reginaldo, Claílton e Wânia Freitas, Daniel Coronel, Rodrigo, professor (mestre) Leandro, Rondinel, Günther, Guilherme Pittaluga, Marcos, Diego, Bruno, Rafael, Silvana, Rodolfo, Jô, Gisele, Hémilly, Lauana, Fernanda, Camila, Eduarda, Fran, Wellington Furtado, Bruno Mendelski e Santa Rosa de Lima.

PREFÁCIO

Ernesto Sábato, em seu clássico *Heterodoxia*, disse que "um bom escritor exprime grandes coisas com pequenas palavras, ao contrário do mau escritor, que diz coisas insignificantes com palavras grandiosas". Essa frase resume muito bem a sensação que tive ao concluir a leitura da mais recente obra de José Renato Ferraz da Silveira, professor de Relações Internacionais da Universidade Federal de Santa Maria. *Sob o signo das Fúrias* reúne crônicas e ensaios publicados pelo autor ao longo dos últimos anos, notavelmente, no jornal *Diário de Santa Maria*.

Para um leitor apressado, os temas e as referências variados, somados a uma linguagem *crua* e objetiva, podem transmitir a impressão de que se trata de uma obra despretensiosa. No entanto, o que o professor José Renato nos revela é fruto de um verdadeiro artesanato intelectual. Por trás da aparente simplicidade, oculta-se a verve de um escritor apaixonado pela vida e pela arte. Nada aquém do que se poderia esperar de um autoproclamado *bon vivant* e hedonista, "poeta por acaso" e jornalista nas horas livres. Um acadêmico versado na literatura de Shakespeare e Nietzsche. Um homem que resiste, no dia a dia, à tragédia de Ricardo III, carregando nos ombros as mesmas chagas que outrora *les esprits faibles* impuseram a José Ingenieros e José Guilherme Merquior.

Para mim, este livro é um roteiro de uma peça composta por três atos. O primeiro é a descrição do ***joie de vivre***, um relato minucioso de sentimentos capazes de recolocar o "lar e a alma em ordem", colorindo a brutalidade da vida. Ao resgatar Paul Valéry, José Renato associa a elegância à simplicidade do espírito. Descreve poeticamente a maneira como o ódio e a cobiça nos distanciam da civilidade, ludibriando-nos por meio do "canto da sereia". Somente o amor e a compaixão são capazes de nos livrar da barbárie, sendo, portanto, os antídotos e a condição da *boa vida*.

O segundo ato é dedicado à **tragédia na política**, tema que vem norteando boa parte de sua pesquisa nos últimos 15 anos – com o qual imprime o mais alto grau de erudição. Aqueles que acompanham sua trajetória, por outro lado, verão neste livro um olhar sensivelmente distinto. *Sob o signo das Fúrias* marca uma lenta e gradual transição do autor rumo ao ceticismo em política, aproximando-o da linhagem de autores como Halifax, Edmund Burke e Michael Oakeshott.

José Renato procura exercitar a prudência e a moderação, ainda que a tentação pelos discursos raivosos pareça inundar o ambiente – seja ele acadêmico ou não. Ele enxerga a política como uma necessidade imperiosa de uma comunidade formada por agentes com as mais diversas visões compreensivas de mundo. A política é tanto uma *arte* quanto a busca por um modus vivendi. A política virtuosa e civilizada é aquela que inibe as ações mais invasivas e harmoniza paixões desenfreadas que conduzem à violência.

A tragédia da política está justamente na maneira como compreendemos a natureza da vida civilizada e no modo como nos reconhecemos enquanto sujeitos desse processo. A barbárie é uma política baseada na crença absoluta e irredutível sobre o destino final da humanidade. Há um caminho a ser perseguido entusiasticamente e impiedosamente pelas massas arrebanhadas e *furiosas*. Não há qualquer traço de alegria ou leveza. Rejeita-se a validade de qualquer ideia que contradiga a cartilha do clã, especialmente quando resulta do trabalho complexo e espontâneo de muitas gerações. Para as fúrias, o passado é um infortúnio a ser esquecido, o presente é uma transição a ser lamentada e o futuro é o paraíso possível – embora jamais seja tangível. Acreditam piamente na vitória a ser vencida e no *inimigo* a ser eliminado. Toda voz dissidente merece ser calada, humilhada e colocada no ostracismo da ingratidão.

A civilidade, por outro lado, evoca o espírito lúdico da imagem do jogador. O *player* é aquele em que a disposição pelo jogo supera a importância de qualquer resultado. Nessa condição, o homem civilizado exercita a alteridade. Jamais vê o outro como um inimigo a ser destruído, mas apenas como um *adversário* numa partida em que o apito final causa mais tristeza que a derrota.

O dilema da vida moderna (universitária ou não) é que cada vez mais o caráter da seriedade ocupa o espaço daquilo que devia ser um espaço lúdico. Eis o terceiro e último ato dessa peça: a **redenção**. José Renato lembra que a revolta das *fúrias* carrega consigo apenas ódio e pobreza de espírito. É um signo fascista que castra a liberdade, impondo a seus inimigos a mais cruel das formas de violência: a autocensura.

Hordas *furiosas* podem atingir o corpo, mas jamais a alma de um espírito livre. Este livro é uma resposta de coragem, esperança e altivez. Sem mágoas ou rancores, o decano oferece uma nobre lição a seus pupilos. Lembra que a única vocação que se pode ter na vida, parafraseando John Gray, "é brincarmos seriamente e sermos sérios alegremente, vivendo sem pensar em destino final".

Pelotas, inverno de 2018.

Daniel Lena Marchiori Neto

Coordenador do curso de Relações Internacionais da Universidade Federal do Rio Grande (Furg)

SUMÁRIO

EU PREFIRO SER UMA METAMORFOSE AMBULANTE 15

CHEGA DE SAUDADE 17

CORAGEM 20

ELEGÂNCIA 22

NOSSO LAR E A ALMA EM ORDEM 24

ERROS (GRAVADOS) EM BRONZE 26

CANTO DA SEREIA 29

JUNTANDO OS PEDAÇOS 32

AGOSTO 34

SOL DE PRIMAVERA 36

CARTA ABERTA A UMA CRIANÇA 38

REFLEXÃO 40

DISCORDAR ATO DE CRESCER E AMADURECER 42

AUTORIA 44

O ÓPIO DOS INTELECTUAIS 46

ESSA AÍ NÃO 48

UBU REI 50

MEGHAN E HARRY ENTRE TRADIÇÃO E
MODERNIDADE 53

SITUAÇÃO-LIMITE 55

O MUNDO É UM MOINHO 57

LIBERDADE OU MORTE 59

O QUE NÃO PROVOCA MINHA MORTE
FAZ COM QUE EU FIQUE MAIS FORTE 61

IDENTIDADE AMEAÇADA 63

UMA PORTA FORA DO TEMPO 66

DEIXE-SE LEVAR PELAS BELEZAS
DO MUNDO AO SEU REDOR 68

INSENSATEZ 70

UMA ESTREIA 74

ÁUSTRIA, FREUD E MAL-ESTAR DA CIVILIZAÇÃO 76

MOBILIDADE 79

AUSCHWITZ 82

PELAS RUAS DA RÚSSIA,
A EXPRESSÃO DA SAUDADE 84

EU PREFIRO SER UMA METAMORFOSE AMBULANTE

Ser uma metamorfose ambulante é ter consciência de que as ideias podem ser mudadas e modificadas conforme as experiências e a forma de se relacionar com os outros e com o mundo. "Triste não é mudar de ideia. Triste é não ter ideias para mudar".

(Francis Bacon)

"Nós, seres humanos, desenvolvemos sistemas de memória que têm falhas, fragilidades e imperfeições", escreveu Oliver Sacks.

Muito do que lemos, o que nos contam, o que os outros dizem, pensam, escrevem, pintam, em alguns momentos da nossa existência, dada a riqueza e a intensidade do fato em si, podem nos parecer como experiências primárias.

É como se tivéssemos vivenciado as situações com os olhos e ouvidos dos outros. Assimilamos valores, sonhos, projetos, ideais ou opiniões, ou seja, "entramos na mente dos demais".

Por exemplo, recordo-me de uma história narrada por minha mãe, em sua inolvidável infância.

Como num sonho, eu mergulhei naquele mundo extraordinário descrito com uma riqueza de detalhes e emoções. Por alguns momentos, acreditei ter visto, sentindo e contemplado os mesmos sentimentos e sensações de minha progenitora.

Um dado que é essencial, no qual é um "óbvio ululante", é evidente que cada ser humano possui sua visão de mundo, conceitos, preconceitos, opiniões, palpites, conclusões e achismos. Somos um ser único no planeta.

Fico surpreso quando leio e pesquiso sobre o nosso inconsciente. E noto como ele é decisivo em determinada ação ou pensamento.

Muitos conflitos de opiniões são influenciados por nosso inconsciente.

Por exemplo, um casal que briga pela forma de como deve ser espremida a pasta dental: no início, meio ou fim? Ou a preferência pela cor do tapete: verde ou vermelho? Ou como deve ser organizado as roupas no armário: por cores ou por peças?

Nesse ponto, parece clichê insistir que o diálogo é fundamental em situações de conflito, de tensão, de arrebatamento das paixões. "O diálogo só é diálogo se todos os lados envolvidos admitirem que não dominam a verdade absoluta sobre todas as coisas", pondera José Francisco Botelho.

Ainda segundo Botelho, "é um acordo tácito, pelo qual todas as visões de mundo são colocadas sob escrutínio". Diálogo significa encarar o nosso reflexo - o outro - sem desviar os olhos. Realmente não é uma tarefa fácil, é um processo incômodo e às vezes enervante.

Mas numa pretensa cultura de paz, o diálogo e a cooperação deveriam estar mais presentes que o julgamento e as divergências.

Adotar uma posição de abrandamento, em que nos tornamos mais generosos, abertos e receptivos, em que admitimos que não é vergonhoso querer mudar de ideia quando há uma boa razão para isso.

Porque, afinal, ideias são ideias. São mutáveis.

Pois, então, vamos assumir a famosa sentença de Raul Seixas: "Eu prefiro ser uma metamorfose ambulante do que ter aquela velha ideia formada sobre tudo..."

CHEGA
DE SAUDADE

"A saudade é uma porta que nos oferece acesso livre ao que há de mais intenso e marcante no nosso passado."

Saudade. Sentimento paradoxal. Misto de alegria e tristeza. Que causa risos e lágrimas. Que provoca, irrita, inspira e relaxa. Que desperta lembranças. Como é gostoso o cheiro das lembranças. As lembranças têm cheiros. O impacto emocional que um aroma é capaz de provocar pode nos marcar para sempre. Para o escritor francês Marcel Proust, o resgate da lembrança da infância é composto por chá com Madeleine, como confidencia ao recorrer à memória olfativa no primeiro dos setes volumes de *Em busca do tempo perdido*.

De fato, algumas lembranças são revividas a partir de nossas percepções olfativas. Basta sentir uma vez mais determinado cheirinho. Os odores têm o curioso poder de despertar sentimentos escondidos, perdidos, esquecidos em algum canto dentro de nós. Cheiro de terra molhada, de mar pela primeira vez, do perfume inebriante da ex-namorada, de livro novo, de churrasco.

A saudade é marcada por lembranças. A saudade nos encanta porque funciona como uma máquina do tempo. Ela nos leva ao encontro de pessoas, mesmo que não possamos mais revê-las, transporta-nos a lugares e épocas distantes. Quando ela nos visita, traz consigo abraços, olhares, conversas, carícias, promessas, cenários, cheiros, músicas e sorrisos.

Existe uma tendência humana de repetir vivências prazerosas. Quando isso acontece, reativamos experiências infantis muito primitivas de completude, satisfação e felicidade. O perfume de uma flor pode trazer à tona recordações da casa da infância, do quintal da avó ou até mesmo de um antigo amor. Esses doces e nostálgicos cheiros são inesquecíveis. São cheiros carregados de lembranças.

Talvez ninguém consiga falar da saudade que nos segue por toda a vida com tanta maestria como os poetas e músicos.

A poetisa brasileira, Cecília Meirelles, afirma: "de que são feitos os dias? De pequenos desejos, vagarosas saudades, silenciosas lembranças. Assim é a saudade. Uma ausência presente".

O poeta Vinicius de Moraes alerta: "sentiremos saudades de todas as conversas jogadas fora, as descobertas que fizemos, dos sonhos que tivemos, dos tantos risos e momentos que compartilhamos".

Por sua vez, o poeta Almeida Garret diz: "Saudade é um suave fumo do fogo do amor que qualquer breve ausência basta para alimentar". Não é por acaso que gostamos de sentir saudade, mesmo que ela nos deixe tristes, com uma ponta de solidão.

A escritora Martha Medeiros vai mais além: "Saudade é não saber. Não saber o que fazer com os dias que ficaram mais compridos, não saber como encontrar tarefas que lhe cessem o pensamento, não saber como frear as lágrimas diante de uma música, não saber como vencer a dor de um silêncio que nada preenche".

A escritora Clarice Lispector segue na mesma linha de Medeiros: "sinto saudades de quem não me despedi direito, das coisas que deixei passar, de quem não tive mas quis muito ter".

Aceitar a transitoriedade da vida é o segredo para sentir uma saudade boa. Nossa vida é repleta de chegadas e partidas. O ano começa e termina. Os amores vêm e vão. Amigos surgem e desaparecem. Cursos se iniciam e acabam. Festas e viagens têm começo e fim. Deixamos e carregamos dentro de nós tudo o que vivemos, em cada ciclo que fechamos.

Há pessoas que preferem parar em algum lugar desses ciclos, achando que jamais irão viver algo com o mesmo sabor. O que está por trás dessa atitude de querer morar no passado muitas vezes é um grande vazio existencial. Como a imperfeição do presente é desconfortável, preferem a zona do conforto do que já se foi, valorizando o que aconteceu de bom e jogando no lixo o que foi ruim. Assim criam sua própria receita para suportar os aborrecimentos do dia a dia. É exatamente isso o que acontece com os nostálgicos.

De origem grega, a palavra nostalgia deriva de álgos (dor) e *nóstos* (retorno) e expressa uma tristeza profunda causada pelo afastamento da pátria, do lar. As pessoas se sentem desse jeito, fora do seu lugar. Esse sentimento de nostalgia está bem presente na música *Chega de saudade*. A bela canção *Chega de saudade* escrita pelo poeta Vinicius de Moraes (letra) e pelo maestro Antônio Carlos Jobim (música) representa fielmente o sentimento de saudade nostálgica que pode ser encarada como negativa: "Vai minha tristeza e diz a ela que sem ela não pode ser, diz lhe numa prece que ela regresse porque eu não posso mais sofrer [...]. Chega de saudade, a realidade é que sem ela não há paz, não beleza, é só tristeza e melancolia, que não sai de mim, não sai de mim, não sai".

Como diz a letra, na nostalgia a pessoa revive o passado acentuando os aspectos positivos dele, com a ideia de que perdeu algo que não pode recuperar. Ou seja, o passado foi e continua sendo melhor que o presente, como um momento perfeito ao qual nunca poderá retornar a não ser por lampejos de lembrança.

A nostalgia expressa na letra reflete o angustiante desejo de reviver aquele momento, de estar com a pessoa amada. Assim, a nostalgia reflete um brilho ligado a uma experiência única, intensa, algo relacionado à plenitude, ao sublime, ao divino.

Mas a lição que aprendemos da saudade saudável é que não devemos e nem podemos desperdiçar o aqui e agora. Por isso, valorizemos cada gesto, cada olhar, cada emoção, cada detalhe das experiências que vivemos hoje. Sentir gratidão por tudo o que vivemos e deixar a vida livre para que ela escreva novas histórias.

CORAGEM

"Inseguro quanto ao que fazer, não tente. Suas dúvidas e hesitações contaminarão os seus atos. A timidez é perigosa: melhor agir com coragem. Qualquer erro cometido com ousadia é facilmente corrigido com mais ousadia. Todos admiram o corajoso, ninguém louva o tímido".

A pessoa corajosa não é a que jamais tem medo. Nós, seres humanos, temos medo. É preciso dar ouvido aos nossos medos: eles são um precioso sistema de alarme diante dos perigos do cotidiano. Mas não é bom submeter-se a eles: às vezes, esse sistema fica desregulado. Como uma espécie de alergia, um medo pode tomar corpo e transformar em fobia. "A dúvida e o medo são as duas portas que todo ser humano tem que atravessar para conhecer e obter sua plena e completa liberdade."

Assumir com coragem, momentos dramáticos de nossa existência, podem contagiar, inspirar um grupo inteiro. Foi a chave para a coragem demonstrada por aqueles que, em silêncio, suportaram insultos ao se unir a Gandhi e a Martin Luther King Jr., em atos de protesto pacífico, para despertar a consciência pública contra a injustiça.

Um ato de coragem como de Rosa Parks. A recusa em ir para o lugar reservado aos negros no ônibus, em 1955, marcou um momento histórico: o início do movimento que traria o fim da segregação legal nos Estados Unidos. É preciso coragem para dizer não!

"Ter coragem não é algo que requeira qualificações excepcionais, fórmulas mágicas, nem combinações especiais de hora, lugar e circunstância. É uma oportunidade que mais cedo ou mais tarde é apresentada para cada um de nós".

Nas palavras de Osho: "Continuamos a perder muitas coisas na vida só por causa da falta de coragem. Na verdade, nenhum esforço é necessário para conquistar – só é preciso coragem – e as coisas começarão a vir até você, em vez de você ir atrás delas. Pelo menos no mundo interior é assim. E para mim, ser feliz é a maior coragem. Ser infeliz é uma atitude muito covarde. Na realidade, para ser infeliz, não é preciso nada. Qualquer covarde pode ser, qualquer tolo pode ser. Todo mundo é capaz de ser infeliz; para ser feliz é preciso coragem – é um risco tremendo".

Todos nós temos fraquezas e nossos esforços nunca são perfeitos. Mas estamos aqui para aprender, experimentar e cometer erros. Ora, nós existimos numa rocha de pedra que gira à volta de uma bola de fogo que faz parte de um sistema solar menor, no extremo de todas as galáxias. Quão pequenos é que somos? Creio que estamos aqui para criar um mundo novo e melhor para todos. É para isso e por isso que estamos aqui. É o que eu acredito. É o que podemos oferecer.

Portanto, sigamos essas palavras: É preciso coragem Pra viver a vida, pra curar as feridas, pra existir.

É preciso coragem pra lutar, pra perder, pra ganhar

É preciso coragem pra construir, pra persistir, pra conquistar

É preciso coragem, é preciso sim, pra parar, pra pensar, pra aceitar que eu tive coragem, de ser feliz!

ELEGÂNCIA

Apesar de vivermos em uma sociedade tida como "civilizada", ainda mantemos comportamentos ancestrais, que se manifestam pelo grito e pela brutalidade, pela demonstração de força e ameaça como armadura protetora.

Embora o nosso mundo não permita, acredito na força da gentileza, da elegância e da suavidade.

Como diz Abnara Leon:

"A verdade cabe em todo lugar,

Bem como a boa conduta, elegância é a palavra que ajuda.

Muitos tem razões

Poucos tem sensibilidade

E alguns, menos ainda... o entendimento"!!!

Como diria Yves Saint Laurent: "sem elegância no coração, não há elegância".

Ser elegante com os outros é notabilizar-se pelo respeito.

O respeito é virtude de almas elegantes.

Paul Valéry diz que a "elegância é a arte de não se fazer notar aliada ao cuidado sutil de se deixar distinguir".

Infelizmente, convivemos com atos de brutalidade explícita e implícita em todos os ambientes. É uma brutalidade física, psicológica e espiritual. Sentimos essa brutalidade e agressividade no trabalho, nas redes sociais, nas ruas, em diversos ambientes.

Como mudar isso?

Creio que a resposta está no amor. Como diz Osho: "O inimigo real do amor não é o ódio – o inimigo real do amor é o ego. Na verdade, o ódio e o amor, como o conhecemos, são dois lados da mesma moeda. O amor chega quando você não está presente, quando o ego não está presente. E o ego não está presente, você não está presente, quando você não é ambicioso. Um momento não ambicioso é um momento de meditação. Em um momento não ambicioso, quando não estamos buscando nada, pedindo nada, rezando por nada; quando estamos totalmente satisfeitos com o que somos, não nos comparando com ninguém mais – nesse momento tocamos o reservatório profundo do divino. Então o amor flui. Então você não pode fazer outra coisa, só pode ser amoroso. Esse amor é um estado da mente, não um relacionamento. O outro não existe, o ser amado não existe, você está simplesmente amando qualquer coisa que entre em contato com você. Você é o amor. Você vive no amor. Ele se tornou o seu perfume".

NOSSO LAR E A ALMA EM ORDEM

A harmonia do lar não depende da quantidade de coisas, mas do quanto alegra os nossos olhos. Essa sentença categórica revela como o ambiente do lar é fundamental para as nossas vidas. Por exemplo, dizem que, se precisamos mudar alguma coisa na vida, um bom começo é trocar os móveis de lugar. Dessa forma lúdica, entramos em contato com as nossas próprias emoções e damos início a uma arrumação que atua de fora para dentro.

Arrumar a casa é uma forma de fortalecer seu poder de decisão.

Acabar com a bagunça parece ser uma tarefa intuitiva. A ideia de organizar, hoje em dia, tem mais a ver com o descartar ou escolha consciente do que merece ficar. Uma forma inteligente de selecionar é fazer a pergunta: esse item realmente traz felicidade para o meu atual momento?

Organizar as coisas exige prioridade. Organizar dá início a uma conversa com a gente mesmo. Fazemos um inventário do que realmente gostamos e chegamos ao entendimento de quem somos e do que queremos ser. Ao colocar ordem no "caos", você olha para o passado (objeto antigo) e para o futuro (o que vai continuar usando). Tal processo ajuda a elaborar as emoções.

Uma dica que li para iniciar o processo de organização é começar por aquilo que se pode usar (roupas e acessórios), seguir para o que tem valor informativo (livros, recibo) e, por último, encarar os do setor emocional (fotos, presentes).

Conclusão que cheguei, ao manter a ordem no lar, eu enxergo que tenho muito mais do que imagino – e provavelmente, do que não preciso. É hora de descartar. Livrar-se de algo não é tarefa fácil. Creio que é fundamental adotar uma relação positiva em relação a eles. Agradecer a cada objeto pelo importante papel desempenhado em nossa vida e permitir que ele vá. Quando agradecemos os objetos, valorizamos o que temos. Eles duram mais e tendem a ser guardados com carinho nos lugares certos. Isso economiza dinheiro e tempo. "Uma atmosfera de amor em sua casa é muito importante. Faça tudo que puder para criar um lar tranquilo e com harmonia" (Dalai Lama).

ERROS (GRAVADOS) EM BRONZE

Resumo

> *"A cada momento temos acesso a uma infinidade de escolhas. Algumas delas são feitas de forma consciente, outras, não. Infelizmente, muitas de nossas escolhas, por terem sido feitas sem consciência, não nos parecem escolhas – no entanto, são. Em consequência, muitas vezes elas são levadas por pessoas e circunstâncias a resultados previsíveis".*

Texto

O bronze é uma série de ligas metálicas que tem como base o cobre e o estanho. Proporções variáveis de outros elementos como zinco, alumínio, níquel, fósforo, chumbo, entre outros.

Não se oxida facilmente com o ar e é resistente à corrosão. O bronze é reciclável, podendo ser fundido várias vezes. Ou seja, a durabilidade do bronze é longa, é "eterna".

A razão de trazer essa breve exposição sobre o bronze está associada ao título.

Cunhei essa expressão "erros em bronze", ao ler, atentamente, num texto laudatório, em placa de bronze, datada de 1974, na loja de sapatos Eny feminino.

Já no início da mensagem, estava escrito regosijo (sic). Virei para minha mãe que comprava um belo par de botas cobra naja conhaque e disse: "erros em bronze".

Ela sorriu em júbilo.

Filosofando sobre essa expressão "erros (gravados) em bronze" deduzi que são situações que significam repetir erros indefinidamente. Erros que se repetem e que estão sujeitos a lei do carma ou lei de causa e efeito.

Nesse sentido, comportamentos repetitivos costumam gerar reações equivalentes das pessoas afetadas por eles.

Ou seja, se eu não modificar meu padrão de comportamento, continuarei a ter a mesma reação por parte das pessoas.

Observe em sua vida, quantos fatos se repetiram em sua história e os resultados foram previsíveis?

E, sem dúvida, existe uma imensa possibilidade de que eles venham a se repetir novamente, pois são consequência de um modelo mental consolidado e cristalizado pelo tempo.

"Modelo mental é o conjunto de imagens, experiências, crenças, medos e tantos outros componentes mentais". A imagem que fazemos do mundo ao nosso redor, incluindo todos os acontecimentos e as pessoas com as quais interagimos é uma exclusividade de cada um de nós.

Esse modelo consolidado define meus padrões comportamentais. Eles permanecem por muito tempo, ainda que, às vezes, tenhamos uma vontade racional de modificá-los.

Pois bem, todos já ouvimos a seguinte expressão: "Colherás aquilo que semeastes".

Se quisermos criar felicidade em nossas vidas, precisamos aprender a semear a felicidade. Se semear a discórdia, colherás discórdia.

De acordo com Deepak Chopra: "quando escolhemos ações que levam a felicidade e sucesso aos outros, o fruto de nosso carma será o mesmo. A lei do carma implica a ação de fazer escolhas conscientes".

Qual é a atitude correta e adequada para modificar essa postura de erros repetidos?

Primeiro, ser responsável. Assumir os erros por aquilo que fazemos. Não atribuir aos outros e "forças desconhecidas" as nossas escolhas ou responsabilidades.

Segundo, se eu me dou conta de o que faço hoje é exatamente o que farei amanhã, tratarei de cuidar de minhas atitudes. Como diz Chopra: "quando fizer uma opção, pergunte a si mesmo duas coisas: "Quais são as consequências dessa escolha? E "Será que a escolha que estou fazendo vai trazer felicidade para mim e para os que me cercam? Quebre o condicionamento de seus atos; só a inovação traz novas respostas.

Terceiro, devemos ter uma força suficiente para nos levar a uma reflexão lúcida sobre o que fazemos. "Sua intuição é suficiente para lhe indicar o melhor modo de agir". Preste atenção à sensação de conforto e desconforto em seu corpo. Reavalie profundamente a situação, não se deixe levar por impulso e imprudência. Mantenha o equilíbrio entre a razão e a emoção para tomar qualquer decisão.

Quarto, se cerca de metade do que fazemos no dia a dia deriva de nossos hábitos e não de intenções deliberadas, devemos nos comportar como se nossos atos fossem virar leis universais e ser repetidos por outras pessoas. Essa é a síntese do imperativo categórico de Kant, e é o princípio do comportamento ético que se deseja para os membros de uma sociedade. Colocar-se no lugar dos outros.

Por fim, como diz Shakespeare em seu belo soneto LXV: "se bronze, pedra, terra, mar sem fim estão sob o jugo da mortalidade", nós, também estamos sob a Fúria implacável do tempo, o jeito é viver com intensidade e responsabilidade.

"Seja testemunha das escolhas que faz a cada momento. A melhor forma de se preparar para qualquer momento do futuro é estar plenamente consciente do presente".

CANTO DA SEREIA

Na mitologia grega, as sereias são seres metade mulher e metade peixe capazes de atrair e encantar qualquer um que ouvisse o canto. Viviam em uma ilha do Mediterrâneo, em algum lugar do Mar Tirreno, cercada de rochas e recifes ou nos rochedos entre a ilha de Capri e a Costa da Itália.

A sedução provocada pelas sereias era por meio do canto. Os marinheiros que eram atraídos pelo seu canto e se aproximavam para ouvir seu belíssimo som, descuidavam-se e naufragavam. Em nossos dias, utilizamos a expressão "canto da sereia" para designar algo que tem grande atração em que as pessoas caem sem resistência.

Eu noto que o "canto da sereia" está em todas as dimensões da vida social. Principalmente nas redes sociais. As redes sociais criam, recriam, distorcem, transformam pessoas, fatos, histórias e situações.

A psicóloga Beatriz Neves foi acusada – injustamente – no Facebook de pisotear uma gata velha e cega no playground de um condomínio em Copacabana.

A mensagem se propagou com a velocidade típica da internet. Em um intervalo de apenas dez dias, Beatriz contabilizou cerca de mil manifestações no Facebook, a maior parte de uma violência incomum. "Mata de porrada. Diz o endereço que eu mesmo mato", escreveu uma pessoa. "Maldita, desgraçada! Gente como essa não morre em assalto, atropelada, com bala perdida", disse outra. Nas postagens, expressões como vadia, monstro, demente e imbecil tornaram-se corriqueiras. Beatriz afirmou: "Fiquei arrasada. Percebi que em questão de segundos sua vida pode ser destruída".

Todos os anos, milhares de pessoas são alvo desse tipo de ação ignominiosa. O fenômeno, chamado de trollagem, é praticado por dois tipos de personagens: os haters e os trolls.

Os haters, ou odiadores, seriam mais parecidos com metralhadoras giratórias que disparam contra qualquer coisa de que não gostam. O ataque, feito em tom inflamado, visa a ridicularizar os alvos e seus pontos de vista. Os "trolls" são diferentes: fazem provocações e afirmações polêmicas para criar dissensão nas redes sociais. A palavra remete aos seres disformes da mitologia nórdica, mas a expressão teria outra origem: pescar com isca, em inglês. A isca é a provocação: o peixe, a confusão. Como para qualquer pescador, quanto maior o peixe, melhor.

Confesso que esse é um dos perigos de nosso tempo. As redes sociais estão carregadas do discurso de ódio e intolerância sobre temas que vão de futebol e novela até economia, política e religião. Lemos loucuras, sandices e patetices "incríveis".

Vivemos a era da estupidez humana ou da fraqueza humana. Eu chamo de esnobismo o vício que consiste em fingir admirar o que de fato não se admira nem se compreende.

Temo que nossa civilização esteja criando "crianças perenes". Somos criados na expectativa de que tudo é possível, perdemos o sentido do impossível e começamos a tocar e acreditar em coisas que desconhecemos. Assim, o "homem civilizado", que vive na euforia de "tudo é possível", não se comporta de modo diferente da criança: destrói e estraga tudo. Porque justamente não tem ainda a noção do que pode fazer (e do que não pode) com os objetos que a cercam.

É um processo de infantilismo histórico. O risco disso tudo é que cada vez mais ouvimos – sem reflexão e consciência crítica – os diversos cantos da sereia.

Por fim, registro uma história formidável: os jornais ingleses publicaram a história do concerto silencioso anunciado, com grandes alardes de publicidade, por um pianista desconhecido. Chegando o dia do concerto, a sala está lotada. O virtuoso do silêncio senta-se diante do teclado e parece tocar, mas todas as cordas tinham sido retiradas e os martelos não produziam qualquer som. Os espectadores olham os seus vizinhos pelo canto do olho, e ver se hão de protestar. Uma vez que os vizinhos permanecem impassíveis, todo o auditório, paciente, fica imóvel. Após duas horas de silêncio, o concerto termina. O pianista levanta-se e cumprimenta. Acolhem-no aplausos calorosos. No dia seguinte, na televisão o músico silencioso conta a história e conclui: "Quis ver até onde ia a estupidez humana, não tem limites".

JUNTANDO
OS PEDAÇOS

O meu gato Ping Pong quebrou um vaso de cerâmica indígena trazido de Belém (Pará). O vaso era simples, sem grandes ornamentos tampouco ricos detalhes.

No entanto, carregava um valor sentimental valioso. Fiquei muito irritado quando o vi em pedaços.

De fato, não há como negar, somos seres emocionais.

Como diz o astrólogo Oscar Quiroga: "Podemos até maquiar nossa condição com autocontrole racional que nos faz parecer equilibrados a maior parte do tempo".

Porém, esse controle como o querido vaso se quebra facilmente quando nosso ponto mais frágil ou sensível é atingido.

Dependendo da situação, reagimos com força total, liberando o deus Marte dentro de nós. Essa força do Senhor da guerra nos desequilibra, faz-nos perder a compostura e, muitas vezes nos arrependeremos da nossa reação impulsiva e agressiva tomada num momento de fúria.

Ora, cada indivíduo é composto de corpo, mente, emoções e energia vital.

Todas essas partes devem ser cuidadas, pois qualquer parte se estiver debilitada gerará uma crise. E não há como fugir de crises. Não há vida imune ao fator surpresa da crise.

Separação, morte, acidente, doença, traição, desemprego e tantos outros cataclismas existenciais. Essas fases, esses períodos tortuosos enfraquecem nossa energia. Principalmente se não soubermos lidar de modo resiliente nesses momentos dramáticos de nossa existência.

Na tradição budista, há seis emoções perturbadoras que afligem a alma/espírito: carência, preguiça, raiva, apego, inveja e orgulho.

Vale ressaltar, porém que embora esses momentos de dor e confusão sejam dolorosos e implacáveis, eles nos ensinam muito mais a respeito das profundezas da nossa alma do que os tempos de calmaria.

Buscar, portanto, a paz de espírito é fundamental. E há inúmeras formas de alcançar o conforto espiritual.

Meditar é uma delas. Meditação é o ato de acalmar as ondas mentais e observar essa calmaria. Desenvolver essa habilidade é um processo. Leva tempo e paciência.

E por fim, o vaso está quebrado. Mas as belas e gostosas lembranças da viagem a Belém permanecem.

E Ping, além de ser perdoado, inspirou-me na produção desse singelo texto.

AGOSTO

O mês de agosto é popularmente conhecido como o mês do desgosto. É difícil afirmar qual a origem exata dessa crendice. Sabemos, no entanto, que foram os romanos quem deram esse nome ao oitavo mês do ano, numa homenagem ao imperador Augusto.

Há uma história romana que o Imperador Augusto impôs de que o mês em homenagem ao seu nome não poderia ter menos dias do que o anterior, dedicado a Júlio César. E, dessa forma, julho e agosto, apesar de serem meses sequenciais, acabaram, ambos, tendo 31 dias cada um.

Parece que isso é uma teoria falsa e foi inventada por Sacrobosco no século 13. Interessante que agosto era chamado de Sextilis ou Sextil.

Ainda curiosidades sobre agosto, os próprios romanos, naquela época, já acreditavam no mau agouro desse mês, período em que uma criatura horripilante cruzava os céus da cidade expelindo fogo pelas ventas. É no mês de agosto, especificamente no dia 24, que se comemora o martírio do apóstolo São Bartolomeu (Natanael). Sua pregação no evangelho de Jesus promoveu milhares de conversões ao cristianismo na Armênia, o que provocou a inveja dos sacerdotes locais. Fato que motivou sua execução; primeiro lhe tiraram a pele e, depois, o decapitaram (em 24 de agosto de 51 D.C). Essa data também ficou gravada na história, quando, em 24 de agosto de 1572, por ordem de Catarina de Médici, ocorreu o massacre da noite de São Bartolomeu.

O candomblé, no Brasil, reserva o dia 24 de agosto para todos os Exus, orixás mensageiros que frequentemente são associados – erroneamente – aos demônios pelos fiéis católicos e evangélicos.

Apesar de o Dia da Sogra ser comemorado em 28 de abril, a cultura popular nordestina prefere homenageá-la no dia em que o Diabo se solta do inferno, em 24 de agosto.

Não se deve casar em agosto, é o que as mulheres portuguesas tinham como tradição. Crença que chegou ao Brasil pelos colonizadores portugueses já transformada em ditado popular: "casar em agosto traz desgosto".

De fato, a mente humana, quando se congrega coletivamente em torno de superstições, torna-se capaz de precipitar eventos ruins. Como afirma Oscar Quiroga, a humanidade continua se entusiasmando com muita facilidade diante de perspectivas sinistras. Eu acredito num mundo de energias polarizadas: positivas e negativas. Se sentimos raiva, como um grão de semente, ela brota como uma zona de energia que arde e nos faz sofrer. Se sentimos raiva por mais tempo, novas sementes de raiva serão produzidas e semeadas no solo do nosso inconsciente.

O mesmo ocorre com as energias positivas. O sorriso e a alegria contagiam. O gostoso é sempre cultivar as sementes do sorriso e da alegria. Pois elas tornam nosso mundo mais feliz e harmônico.

E, assim, creio que agosto é um mês como outro qualquer. É necessário cultivar sementes saudáveis, revigorantes, salutares, criativas em nosso cotidiano, que tornarão nossa vida mais saborosa e divertida. É o que eu acredito.

SOL DE
PRIMAVERA

"Quando entrar/ Setembro/ E a boa nova andar nos campos/ Quero ver brotar o perdão/ Onde a gente plantou/ Juntos outra vez/ Já sonhamos juntos/ Semeando as canções no vento/ Quero ver crescer."

Essa deliciosa canção de Beto Guedes *"Sol de Primavera"* faz alusão à estação do desabrochar das flores e marcada pela elevação da temperatura.

Primavera, em muitas partes do mundo, é também muitas vezes designada como a época do amor, porque, flores estão a desabrochar, as pastagens mais verdes e as borboletas visitam, com doce graça e leveza, todo tipo de flores, principalmente as vermelhas e brancas.

Um verdadeiro espetáculo da natureza. Há uma crença generalizada de que as pessoas ficam mais sentimentais e amorosas durante a primaverado que em outras estações do ano.

Talvez Tim Maia captasse esse sentimento na música *"Primavera (Vai chuva)"*: *"Quando o inverno chegar/ Eu quero estar junto a ti/ Pode o outono voltar/ Que eu quero estar junto a ti (porque) / Eu (é primavera) / Te amo (é primavera) / Te amo (é primavera) meu amor/ Trago esta rosa (para te dar) / Trago esta rosa (para te dar) / Trago esta rosa (para te dar) / Meu amor...".*

O formidável dessa canção de Tim Maia é a mudança do ritmo lento do início da música para uma explosão colorida, afetiva, intensa e plena devivacidade e êxtase.

De fato, a primavera está associada à vida e, principalmente, à cor verde. Ela representa esperança, liberdade, saúde e vitalidade. O verde simboliza a natureza, o dinheiro e a juventude. É a cor da natureza viva. E está associada ao crescimento, à renovação e à plenitude.

Nesse sentido, a primavera traz uma perspectiva de mudança, renovação e esperança.

Nesse ano de 2016, a primavera começou em 23 de setembro.

A partir disso, para inspirar e refletirmos sobre o atual rumo de nossas vidas, eu cito alguns aforismos do neurologista e escritor britânico Oliver Sacks (1933-2015) que, ao descobrir que estava em estado terminal, escreveu um artigo emocionante e motivador no New York Times:

"Tenho que viver da maneira mais rica, profunda e produtiva que puder; Meu sentimento é o de gratidão; Amei e fui amado; muito me foi dado, e, em troca, também dei muito; Estou intensamente vivo e quero e espero que o tempo que me resta viver me permita aprofundar minhas amizades, me despedir daqueles que amo, escrever mais, viajar se tiver a força suficiente, alcançar novos níveis de conhecimento e compreensão. Isso incluirá audácia, clareza e falar com franqueza; vou tratar de acertar minhas contas com o mundo. Mas também terei tempo para me divertir (inclusive para fazer alguma estupidez)".

CARTA ABERTA
A UMA CRIANÇA

Eu tenho 37 anos; você tem 4. Escrevo esta carta para dar alguns conselhos sobre a conduta da vida, enfim, uma carta de aprendizagem, como aquela que Göethe compôs para Wilhelm Meister. Ao final, sugiro também uma obra literária que deva ler quando chegar na adolescência.

Primeiro, varra e afaste dos seus pensamentos o pessimismo neorromântico. Não acredite na ideia de que o mundo é absurdo. O que significa isso? Como diria André Maurois: "Uma proposta é absurda quando é contrária à razão. Uma lei é absurda quando ofende o senso comum. O mundo é o que é. Não depende da razão nem do senso comum. Constitui um ponto de partida, um dado. O que queriam? Que o mundo tivesse sido construído para nos satisfazer? Seria o mais surpreendente dos milagres. O mundo nada quer. Nem é favorável, nem hostil".

Segundo, é que temos que viver para algo mais que nós próprios. Quando vivemos para os animais, para uma obra, para os famintos e desvalidos, esquecemos maravilhosamente as nossas angústias e as nossas medíocres preocupações.

Terceiro, é preciso acreditar no poder da vontade. Acredito que podemos modificar o curso de nossa história. Podemos modificar o nosso futuro. Naturalmente que nenhum de nós é todo poderoso. A liberdade vive na fronteira entre o possível e o desejável. E acredito que a vontade é a rainha das virtudes.

Quarto, um valor precioso nos dias atuais é a fidelidade. Fidelidade às promessas, aos contratos, aos outros e a nós mesmos. Mil tentações atravessam nosso caminho. Mas seja honesto e sincero com os outros. "Devemos ser daqueles que nunca enganam".

Meu querido amigo, a passagem da infância à adolescência é um salto de paraquedas – inesquecível –, essa fase vai deixar marcas para a vida toda, que vão ajudar a construir o adulto que você vai ser. É um ritual de passagem, de amadurecimento. Nesse sentido, você precisa ler (logo) os romances de formação.

Meu caro amigo, o romance de formação que indico para que leia num breve futuro é do escritor americano J.D. Salinger, O Apanhador no Campo de Centeio. "Ela descreve um único final de semana na vida de Holden, que é expulso da escola por ir mal em quase todas as matérias. Na volta para a casa, o menino reflete, não sem revolta, sobre acontecimentos recentes e as pessoas que cruzaram seu caminho – e vai atrás de algumas delas, adiando ao máximo a inevitável bronca dos pais".

O formidável desse *best-seller* é que, antes do Apanhador no Campo de Centeio, praticamente não existia isso de cultura jovem – "a adolescência era vista como a fase aborrecida que os pais tinham de suportar entre a doçura da infância e a realidade do mundo adulto. O sucesso mundial de Apanhador mudou o mundo".

Essas são as regras de vida que eu proponho. Não são regras severas, nem sumárias. Não é um estoicismo selvagem. Mas, meu caro, por fim, tenha senso de humor. Seja capaz de sorrir de si próprio. Aceite as suas fraquezas, se puder dominá-las, melhor ainda. Divirta-se muito e aproveite para brincar bastante. Logo, uma nova fase virá em sua vida. Esteja preparado para os dissabores da vida e enfrente-os com sensibilidade e leveza. Boa sorte!

REFLEXÃO

"Em épocas de grande agitação, o dever do intelectual é manter-se calado, pois nessas ocasiões é preciso mentir e o intelectual não tem esse direito".

Essas belas palavras do filósofo espanhol, José Ortega y Gasset, entre outras razões, afastaram-me do debate político e de me pronunciar sobre os tempos sombrios que o Brasil vive há algum tempo. Talvez alguns ou muitos desejarão que eu me mantenha calado. Talvez estejam certos. Infelizmente, diante da realidade atual, sinto-me compelido a refletir sobre os fatos em questão. São cinco breves reflexões:

Sob o signo das Fúrias

1. "Quando vejo os meus amigos celebrando, em júbilo, as ocupações de escolas e reitorias, e eu não vejo nisso a menor graça ou o menor resíduo de sentido. Os meus amigos usam termos como "corajoso", "legítimo" e "democrático" e eu só penso em estupidez, dogmatismo, preguiça e falta de imaginação".

2. A ocupação nas escolas e nas universidades federais levará a perda de credibilidade e legitimidade do movimento perante a opinião pública. Considero como uma estratégia falha e equivocada. "Um verdadeiro tiro no pé". A reação tenderá a ser violenta por parte das forças repressivas do Estado – e já está ocorrendo - e ganhará respaldo da população por somente uma razão: ordem. Prevejo o aumento da polarização. Isso é danoso para a nossa frágil democracia, jovem democracia ou "imperfeita democracia".

3. Greve, manifestações de rua, ocupações nas escolas são instrumentos válidos para ganhar visibilidade e "forçar" a negociação/barganha quando o governo está debilitado. Ou seja, propor ou "forçar" a negociação. Acredito que não seja o caso. Embora muitos tenham essa percepção. Sinto a cada dia que o governo agradece por essa percepção errônea. Como disse em uma obra de minha autoria, o governante não vence apenas porque fez uso da violência – física ou simbólica – e pelo fato de ser mais forte, mas precisa durar e conviver com aqueles que domina; e a cada dia deve renovar sua autoridade, fazer valer sua força, impedindo a alteração da ordem por ele instituída.

4. Com a maioria na Câmara – a PEC já foi aprovada - e no Senado, dificilmente a PEC-55 será barrada. Essas pressões terão pouco efeito prático – embora muita visibilidade – e pouca efetividade. A lógica é a seguinte: um governo formado por "pessoas inescrupulosas" – e chamado de "golpista" - não se sentirá ameaçado e coagido por esses movimentos e formas de ação política vistos na minha opinião como ações políticas ultrapassadas.

5. A verdadeira "ocupação", na minha opinião, deve ocorrer na mobilização em relação aos representantes no município, no estado e no Congresso Federal (na Câmara e no Senado). A pressão, portanto, deve ser exercida relativa aos membros do legislativo em cada esfera da federação. E-mails, ligações telefônicas, cartas, entre outros meios de "pressionar" os nossos "representantes". Colocar em risco o mandato do político é que o faz se sentir pressionado. O político só pensa em "uma coisa" desde o primeiro dia do mandato: a reeleição, ou seja, manter-se no poder. O Old nick – Nicolau Maquiavel - já nos ensinou sobre isso. Não podemos esquecer.

41

DISCORDAR
ATO DE CRESCER E AMADURECER

Vivemos tempos obscuros. Tempos em que a razão adormece perante as paixões.

Lemos e ouvimos repetidas vezes as seguintes assertivas: "Não seja crítico, tome cuidado"; "Não fale em crise, trabalhe"; "Você não conhece essa realidade porque não vivencia o movimento social"; "Você não pode discutir sobre isso porque não é especialista sobre o assunto"; "Você não pode falar sobre aborto/feminismo porque não é mulher" e por aí vai.

Esses discursos estão cada vez mais comuns na academia, nas redes sociais, entre amigos, colegas e conhecidos.

Ou seja, primeiro, há uma dificuldade de ler/ouvir de quem discorda da nossa opinião; segundo, muitos utilizam-se do discurso de autoridade/pertencimento para desqualificar a fala do outro. E, nesse sentido, aumenta-se a tensão e a polarização ideológica sobre uma infinidade de temas.

Numa democracia representativa, participativa, de opinião, o ato de discordar é essencial. Como diria Niezstche: "A cada alma pertence um mundo diferente; para cada alma, toda outra alma é um além-mundo."

Assim, prestar atenção no outro de maneira sincera, eis um aprendizado que devemos procurar desenvolver nas nossas relações.

Como estamos acomodados ao que somos, o outro é que nos ensina e nos liberta das nossas amarras.

Mas, para avançarmos, é preciso sermos capazes de acolher aquele que não concorda conosco.

A simples concordância, com o objetivo de evitar o conflito, faz com que permaneçamos estacionados.

A discordância faz com que cresçamos.

A palavra concordância vem de cor, coração, e significa unir corações.

Discordar, por sua vez, é promover a separação dos corações, algo que possibilita o desenvolvimento e o amadurecimento pessoal.

E o ato de discordar exige simplicidade, humildade, coragem, respeito, elegância dos participantes da discussão.

Por fim, como disse o ex-presidente dos Estados Unidos, Barack Obama, no discurso de despedida em Chicago (10/01/2017) acerca da bolha como uma ameaça à democracia: "Para muitos e muitos de nós, tornou-se mais seguro ficar dentro de nossas próprias bolhas, seja em nossa vizinhança, no campus da universidade, lugares de culto ou nos nossos *feeds* das redes sociais, cercados de pessoas que parecem conosco e compartilham a mesma visão política e nunca desafiar nossas certezas [...]. E, cada vez mais, ficamos tão seguros em nossas bolhas que aceitamos apenas informações, verdadeiras ou não, que se encaixam em nossas opiniões, em vez de basear nossas opiniões nas evidências que estão lá fora.

Essa tendência representa uma terceira ameaça à nossa democracia. A política é uma batalha de ideias. Ao longo de um debate saudável, priorizamos diferentes objetivos, e diferentes meios de alcançá-los. Mas sem concordarmos em alguns fatos, sem a vontade de admitir novas informações, sem admitir que seu oponente pode estar certo, e que ciência e raciocínio importam, continuaremos falando um sobre o outro, tornando a concordância e o compromisso impossíveis".

AUTORIA

A palavra autoria, dentre os muitos significados, diz acerca da condição da pessoa que compõe ou é responsável pela criação de alguma coisa.

Ao escrever esse texto, sou responsável por ele. Qualquer pessoa com um mínimo de discernimento, sabe que sou o autor do presente texto.

Qualquer um pode discordar das palavras que redijo. E respeito quem discorda do que penso e acredito. Creio que o ato de discordar é uma forma dialética de acrescentar novos valores, novos pensamentos, novas ideias sobre "nosso mundo". Meu ponto de vista sobre os fenômenos políticos, sociais, econômicos e culturais do Brasil e do mundo são parte da minha formação pessoal e visão de mundo que herdei ao longo das fases da vida e experiências que vivi.

Algo que me incomoda profundamente é quando somos cerceados ou constrangidos pelo que pensamos e opinamos. A intolerância, em todos aspectos, é inadmissível numa democracia. Temos o direito assegurado pela Constituição Federal – a nossa Carta Magna – de exercer a liberdade de expressão. Como dizia Popper, "a sociedade democrática não pode ser tolerante com os inimigos da democracia, com aqueles que querem destrui-la. Assim como devemos ser tolerantes com as expressões alheias, devemos ser intolerantes com a intolerância, ela não pode prevalecer, sob risco de destruirmos os fundamentos do sistema democrático".

Numa democracia de opinião, portanto, a pluralidade e o contraditório é fundamental.

E quando reflito sobre a democracia de opinião, percebo os aspectos positivos e negativos. Veja como diz o autor francês Patrick Charadeau: "A democracia de opinião seria aquela submetida permanentemente aos *diktats* de uma opinião que se pronunciaria tanto sobre as medidas legislativas quanto sobre as medidas executivas dos governantes, obrigando estes últimos a agir em função das reações imediatas da opinião".

Ou seja, um dos riscos da democracia de opinião é a transição da desconfiança democrática a uma tirania populista. Nisso reside a necessidade do equilíbrio.

Por fim, o que sinto – nos últimos tempos – que algumas ou muitas pessoas anseiam que a democracia representativa seja desviada para uma democracia de opinião, que, a cada dia, imponha seus humores ao poder político, obrigando a se pronunciar de imediato por meio de medidas legislativas. Chegaríamos a um governo por intermédio das mídias, da internet e das diferentes matizes e manifestações, e se caracterizaria mais pela emoção do que pela razão. Estamos vivendo entre Kafka e Orwell.

O ÓPIO
DOS INTELECTUAIS

Em 1955, o filósofo francês Raymond Aron publicou o polêmico livro Ópio *dos Intelectuais*. O livro denuncia a eterna e repetitiva aceitação da violência pela esquerda em nome de ideias (o proletariado, o rumo da história, a redenção final) que não fazem sentido. O bem comum não pode de modo algum ser pretexto para uma violência pessoal ou coletiva.

O livro sofreu com o preconceito e o desprezo que, na década de 1950 e nas seguintes, perseguiam qualquer pensador francês que não se alinhasse ao ideário da esquerda. Aron pertenceu a uma geração de intelectuais brilhantes (Jean-Paul Sartre, François Furet, Maurice Merleau-Ponty, Albert Camus, Simone de Beauvoir). Aron preferia os caminhos da discrição e do bom senso.

No atual cenário de polarização na Venezuela, chamou-me atenção (não só!) o artigo do intelectual português Boaventura de Souza Santos em defesa do governo Maduro. No texto, Souza Santos faz muitas críticas sobre a parcialidade da cobertura do jornalismo, sobre o garrote de sucessivos governos americanos à Venezuela, e à oposição venezuelana, mas nenhuma palavra sobre violações de direitos e liberdades, sobre o modo como é tratada a divergência política, sobre a violência brutal da repressão, sobre a "customização" da democracia para bem servir aos interesses de quem governa.

Boaventura Souza Santos padece do mesmo mal que uma geração inteira de pessoas de esquerda: eles não trabalham, em suas avaliações, com a contraposição entre "democracia" e "autocracia" ou entre "liberalismo político" e "absolutismo"; para eles, a contraposição que conta é entre "resistência" e "imperialismo", entre "não capitalismo" e "capitalismo", entre "povo" e "elite", entre "nacionalismo" e "globalização".

Se Maduro é nacionalista, do povo e para o povo, adversário do capitalismo e resistente contra o imperialismo americano, para esta geração da esquerda é impossível abandoná-lo.

Devemos deixar claro que o governo Maduro viola todas as liberdades e direitos civis e é baseado na violenta repressão dos dissidentes.

O governo Maduro produziu e agravou a pobreza dos venezuelanos até a miséria brutal.

O governo de Maduro se baseia em teorias da conspiração, no populismo mais exacerbado e na intimidação dos setores, organizações e instituições divergentes.

Não há qualquer razão democrática, humanista ou "de esquerda democrática" que justifique apoios, solidariedades ou compreensões despendidas com o governo de Maduro.

ESSA AÍ
NÃO

"Vida é mudança. Quando cessa o movimento, o ser envelhece e morre". Pirandello tinha razão. A vida exige mudança. A vida exige dinâmica. Inevitavelmente, com o passar do tempo, notamos que nossas ideias, pensamentos, atitudes e comportamentos modificam-se a partir de nossas experiências, doces ou amargas.

O erudito dramaturgo italiano Pirandello, que produziu peças que tinham todas as variações da personalidade, concebia que o ser humano não possui uma imagem verdadeira e única.

Para uns indivíduos representamos uma personagem, para outros, outra. Um único ser humano tem em si mais de cem possíveis. Será bom? Será mau? Ambas as coisas. Terno e cruel? Razoável e violento? Capaz de prudência e loucura? Depende das circunstâncias, das leituras, dos conselheiros, dos parceiros.

De fato, nós representamos papeis para nós como para os outros. Ao passar sob os projetores dos sentimentos e das idades, as cores e os gostos vão se alterando.

Um jovem rebelde que participa – hoje - de uma manifestação estudantil, num futuro, talvez acabe como um político de tendências conservadoras. Uma mulher religiosa, crente, muito ligada ao cristianismo pode sucumbir a todas as tentações que sua religião condena.

Pois bem, é válido refletir que as cem personalidades podem surgir a qualquer momento. Algumas podem manter-se desconhecidas a vida toda. Há pessoas que, muito cedo na sua vida, adotaram uma pose e não mais a abandonaram. Às vezes essa pose é bela. É a do homem sóbrio, austero, fiel, que se consagra inteiramente à felicidade dos outros e renunciou aos prazeres.

A vida é um baile de máscaras. Temos que usar sempre a mesma? Depende da máscara – e de si. Se não lhe fica bem, se o magoa, se lhe dá a sensação de que o obriga a representar um papel para que não está talhado, experimente outras. É a máscara que faz o baile, porque os outros mascarados o tomarão por aquilo que você parecer. "Todo o fantasma, toda a criatura de arte, para existir, deve ter o seu drama, ou seja, um drama do qual seja personagem e pelo qual é personagem. O drama é a razão de ser do personagem; é a sua função vital: necessária para a sua existência".

Você que entra no baile da vida, escolha bem a sua máscara!

UBU
REI

O mês de junho é época de festas populares no Brasil, as consagradas juninas: Santo Antônio, São João e São Pedro. Momentos repletos de misticismo, superstições e crendices populares. Docemente, relembro a minha "infância querida que os anos já não trazem mais". Ah, recordo também da minha avó Olga. Quanto tempo e quanta saudade! Preparava com carinho, doces de coco, pé de moleque, paçoca e outros quitutes saborosos.

Infelizmente, a magia desses tempos dissipa-se como uma névoa de angústia, incertezas e temores. Dia após dia, vivemos tempos insanos e paradoxais. O trágico e incompreensível cotidiano com notícias alarmantes nos agride repetidas vezes. Nós nos sentimos impotentes e o gostoso vinho quente que aquece as noites frias de junho azeda diante de eventos pitorescos vindos de Brasília.

Ondas de denúncias que pipocam cotidianamente. E o dolorido nesse processo é como age a nossa classe política. Marcius Melhem pontua: "dias atrás, o senador do PT Humberto Costa admitiu a possibilidade de seu partido pedir desculpas por seus atos de corrupção. Sofreu duras críticas e teve que vir a público se explicar. Quase pediu desculpas por ter sugerido pedir desculpas. Nossos homens públicos têm alguma questão psicanalítica com pedir desculpas [...] observadores da situação dizem que a ausência de desculpas tem um fundo jurídico. Pedir desculpas é confessar culpa, o que seria contraproducente como estratégia processual. Afinal, para escapar, nosso honrado homem público tem de ser vítima do sistema ao qual foi levado a aderir, coitado. Outra estratégia jurídica e/ou política é nunca chamar roubo de roubo. Dilma chamava de "malfeito". Temer chama de "atitude não aprovável". Para ambos, contorcionismo gramatical absolve ou atenua".

Tratando-se do ex-presidente Michel Temer, eu relembro de Alfred Jarry (1873-1907), personalidade excêntrica e fascinante que desperta curiosidade. Poeta, romancista, dramaturgo e patafísico francês, nascido em Laval, Mayenne, no dia 8 de setembro de 1873, precoce e culto, boêmio erudito e criativo, fez da escrita uma arma "contra todo grotesco que há no mundo". Aos 15 anos de idade, em 1896, publicou Ubu roi (Ubu rei), peça estranha, alucinada, paródica, anárquica, alheia a todas as regras. Ela antecipa o Surrealismo e o Teatro do Absurdo.

No teatro L´Oeuvre, a peça é representada ao público no dia 10 de dezembro de 1896. A reação da plateia, no entanto, foi negativa e violenta. Henry Bauer, o único crítico a elogiá-la, perde o cargo de redator do Écho de Paris. Depois de uma curta temporada, duas apresentações, foi retirado de cartaz. Somente um ano após a morte Jarry, em 1908, foi reapresentada.

Ubu roi (Ubu rei) causou grande escândalo, tanto por seus despropósitos, como por sua linguagem e intenções satíricas. Surgiu como sátira à afetação de um professor com o qual Jarry estudara.

A obra Ubu rei retrata de forma realista e contemporânea a questão da soberania infame à autoridade ridícula. O personagem central é Père Ubu, um tipo ridículo, cômico, covarde e cínico e repulsivo que se torna rei da Polônia e simboliza a estupidez e a avareza. A primeira fala de Ubu na peça é: MERDRA (sic). Personagem chocante, anti-herói, totalmente mau, em todos os sentidos, provoca mortes, pilhagens, cinismo desenfreado, covardia, tudo sem meias medidas.

Em tempos de sucessivas crises e escândalos na política brasileira, envolvendo a cada dia, principalmente, o nome e o governo do presidente Michel Temer, o texto Ubu rei de Alfred Jarry é uma excelente indicação de leitura.

Esse problema da infâmia da soberania e do soberano desqualificado está divinamente inserida nas peças shakespearianas, em específico, nas tragédias dos reis. Kafka, Dostoievski, Balzac e Couterline tiveram, também, uma percepção visionária do "grotesco administrativo".

Michel Foucault (1926-1984) é de uma visão assustadora ao demonstrar que o poder nas mãos do ser ubuesco é simplesmente detestável: "um homenzinho de mãos trêmulas que, no fundo do seu *bunker*, coroado por quarenta milhões de mortos, não pedia mais que duas coisas: que todo resto fosse destruído acima dele e que lhe trouxessem, até ele arrebentar, doces de chocolate". Haja estômago!

MEGHAN E HARRY
ENTRE TRADIÇÃO E MODERNIDADE

Estudo há 19 anos a história da Inglaterra. Da Dinastia Plantageneta, Lancaster, York, Tudor e Stuart. A história dos reis e rainhas da Inglaterra é um caleidoscópio de emoções, cheia de intrigas políticas, traições, guerras, confrontos, tramas religiosas, paixões e conflitos. Vale destacar alguns reis e rainhas notáveis: Alfredo (O grande), William (O conquistador), Henrique V, Henrique VIII, Elizabeth I, rainha Vitória e rainha Elizabeth II.

A influência dos monarcas britânicos é tão grande, que muitos deles mudaram os rumos não apenas do país, mas do mundo inteiro. Entre guerras e romances, esses personagens ajudaram a moldar o destino da humanidade. Vale ressaltar que a história dos monarcas britânicos já rendeu diversos roteiros de filmes e seriados. A atual série The Crown da Netflix é um sucesso e bastante elogiada pela crítica por mostrar os primeiros anos do reinado de Elizabeth II de uma forma mais humanizada.

Neste sábado, 19 de maio de 2018, tivemos o casamento entre a atriz norte-americana Meghan e o príncipe Harry. O casamento é mais um capítulo intenso e fascinante dessa história de tradição, modernidade e força política das casas reais inglesas.

De acordo com Portal de Notícias (G1): "lotada de celebridades, a emocionante cerimônia misturou elementos tradicionais e modernos. O arcebispo de Canterbury, Justin Welby, líder espiritual da Igreja Anglicana, tomou os votos matrimoniais dos noivos, que passaram grande parte da cerimônia de mãos dadas. Michael Curry, o bispo presidente da Igreja Episcopal dos EUA, fez um sermão sobre o amor e citou o ativista negro Martin Luther King. Seguindo a tradição iniciada com a princesa Diana, em 1981, Meghan decidiu não pronunciar a palavra "obedecer" dos tradicionais votos de casamento. Em inglês, os votos tradicionais para a mulher costumam citar *"love, cherish and obey"* (amar, cuidar e obedecer, em português). Meghan disse *"love and cherish"* (amar e cuidar). Isso já é comum em casamentos no Reino Unido, mas, em relação à família real, a escolha pode ser considerada moderna".

A nova duquesa de Sussex é feminista e defende a igualdade de direitos entre homens e mulheres e é representante da ONU Mulheres, braço da Organização das Nações Unidas para a promoção da igualdade de gênero. Sem dúvida, ela terá um papel proeminente e decisivo na luta por igualdade de direitos e oportunidades entre homens e mulheres,

SITUAÇÃO-LIMITE

Na atualidade, vivemos um momento crítico. O mundo se torna incômodo – para muitos – num momento de transição. Vivenciei uma situação ímpar que Karl Jaspers deu o nome de situação-limite. A situação-limite é uma situação que mexe com a nossa própria estrutura e nos faz (re)lembrar de nosso próprio ser, tanto de nossas várias limitações e infinitas potencialidades. Por exemplo: a morte de alguém que amamos, o sofrimento físico e mental, uma determinada luta por algo importante, uma difícil doença, a culpa, o remorso, uma crítica extremamente dura e injusta, a solidão etc.

Nessas situações, somos levados a (re)avaliar a nossa escala de valores e a perceber como vivemos na superficialidade da vida e nos preocupamos com o que é periférico, sem perceber o verdadeiro núcleo.

A minha situação-limite atual, encontra-se no simples ato de participar de uma banca de defesa de dissertação de mestrado da Universidade Federal de Santa Catarina (UFSC). O título da dissertação causou espécie gerando animosidade gritante. Execrar o indivíduo do sexo masculino é uma forma de discriminação. Aconteceu comigo e com os outros professores doutores. Mesmo com a tentativa (frustrada) de explicar o título do trabalho, o aceite do convite (tratava-se de uma dissertação de teoria política e discutia conceitos e ideias de Nietzsche) e a minha arguição séria, responsável, objetiva e direta, eu e os membros da banca fomos alvos de ataques pessoais à nossa honra e imagem.

A academia – "local em que também se faz ciência" – não pode e nem deve ser espaço para a intolerância, preconceito e discriminação e radicalização. Somos a favor da defesa e da amplitude de temas na academia. Contra a censura. Contra o cerceamento da liberdade de cátedra.

A universidade é palco de construção de debates acadêmicos. Não de julgamentos à priori, deste ou daquele comportamento e/ou de filiação teórica.

A universidade deve ser um espaço marcado pela pluralidade, pela diferença, pelo saber, para a produção do conhecimento, para o pensar aberto, interdisciplinar, diverso e receptivo.

O MUNDO
É UM MOINHO

"Ainda é cedo, amor/ mal começaste a conhecer a vida/ Já anuncias a hora de partida/ Sem saber mesmo o rumo que irás tomar/ Preste atenção, querida/ Embora eu saiba que estás resolvida/ Em cada esquina cai um pouco a tua vida/ Em pouco tempo não serás mais o que és/ Ouça-me bem, amor/ Preste atenção, o mundo é um moinho/Vai triturar teus sonhos, tão mesquinhos/Vai reduzir as ilusões a pó".

Esse trecho da linda canção O mundo é moinho é umas das grandes composições de Cartola (1908-1980). A vida do maior sambista da história da música brasileira foi, de fato, um verdadeiro moinho. Cartola se afastou do meio musical por cerca de quase duas décadas (entre as décadas de 1930 e 1950) e chegou a ser dado como morto. Nesses tempos difíceis, Cartola viveu o chamado ostracismo porque a nova direção da Estação Primeira de Mangueira era antipática a ele.

Vale ressaltar que ostracismo significa isolamento ou exclusão. É um termo proveniente da Grécia antiga e era uma forma de punição aplicada aos cidadãos suspeitos de exercerem poder excessivo e restrição à liberdade pública. Ostracismo é o afastamento (imposto ou voluntário) de um indivíduo do meio social ou da participação em atividades que antes eram habituais.

Na sua concepção original, durante o período do legislador Clístenes na Grécia Antiga, o ostracismo representava o desterro de um determinado cidadão. A lei foi instituída em Atenas como uma medida para evitar a formação de uma nova tirania.

Quando o indivíduo era considerado uma ameaça para a comunidade, era feito um plebiscito que decidiria se ele seria ou não afastado da comunidade. Quando a decisão era a favor do ostracismo, o nome do indivíduo era escrito em uma pequena tábua que era chamada *"ostraka"* (óstraco em português). Em alguns casos, o condenado não era popular entre o povo, não havendo fundamentação legítima para afastá-lo.

O ostracismo normalmente tinha uma duração de 10 anos e não resultava na privação dos direitos e bens. Alguns dos ostracismos mais famosos na Grécia Antiga foram os de Temístocles, Aristides, Címon e Hiparco.

Por fim, no Brasil, nessa época de obstinação em que as discussões estão se tornando longa demais e muito ríspidas para se limitar as palavras, parece que a razão, o bom senso, a moderação e a urbanidade estão em permanente ostracismo.

LIBERDADE
OU MORTE

"Há duas coisas que tenho direito: a liberdade ou a morte.
Se não tiver uma, tenho a outra. Nenhum homem neste
mundo vai me tomar a vida!!!"

No ano de 1819, numa noite fria, uma negra escrava, entre dores e gritos, dava à luz a uma menina. No pequeno condado de Dorchester, no estado de Maryland (Estados Unidos), a menina que arejava os pulmões não carregava o peso da dor. Ela foi uma libertária. Ela foi uma das mais importantes "condutoras" de negros para a liberdade. O nome dado pela mãe foi Aramita Ross. Quando completou 11 anos, passou a usar uma bandana na cabeça, indicando que saíra da meninice. Foi aí que mudou o nome, virou Harriet. Nos olhos penetrantes carregava o ar da rebeldia. Não iria morrer como escrava. E viraria a mais famosa e eficiente "condutora" de negros. Armada de revólver e de sua atávica coragem libertou milhares de escravos, irmãos de sangue. Ficou conhecida como "a Moisés" de seu povo.

A história dos Estados Unidos é fascinante. Ela é repleta de personagens heroicos e cativantes como Harriet Tubman. Ao conhecermos e viajarmos para a terra do "Tio Sam", notamos como o povo estadunidense zela por sua cultura, valores, monumentos, grandes e pequenos personagens. E se você quer conhecer os americanos como eles são e o país de forma mais natural, vá de trem.

Você pode atravessar os Estados Unidos – do Pacífico ao Atlântico – de São Francisco a Nova Iorque, 5 mil km, por um preço acessível: 213 dólares. Na alta temporada, o preço pode variar até 350 dólares.

Embora os trilhos americanos sejam remanescentes de uma era "há muito esquecida", e como no Brasil o carro e os caminhões tenham dominado o cenário dos transportes, é uma das experiências mais legais do mundo *(the world's greatest travel experiences)*.

Há uma lenda popular que liga Harriet e as estradas férreas. Hoje em dia, os negros contam quando apita um trem para os lados do sul, todo aquele que sofre alguma prisão, cerceamento de liberdade, seja física, espiritual ou de pensamento, sente um arrepio. É Harriet, a condutora, chamando para a grande travessia. E há sempre quem se levante e encontre o caminho. Eu estou encontrando.

O QUE NÃO PROVOCA MINHA MORTE FAZ COM QUE EU FIQUE MAIS FORTE

A Alemanha é um dos países mais organizados do planeta. Limpo, pontual, responsável e inteligente. Belas paisagens, história e cultura. Viajar para a Alemanha é imperdível!!! Mesmo sem ter domínio da língua alemã, nota-se que praticamente a língua inglesa é o segundo idioma. O povo alemão é receptivo, gentil e acolhedor.

Uma das mais belas cidades da Alemanha é Munique. A *Oktoberfest* de Munique é uma verdadeira ode à cerveja e à vida.

Infelizmente, também quando penso em Munique, relembro o histórico ano de 1938. Em 29 de setembro de 1938, tivemos o infame acordo de Munique.

França e Inglaterra cederam ao ultimato sarcástico de Hitler e a Tchecoslováquia foi desmembrada. "O acordo de Munique entrou para o nosso vocabulário como uma aberração específica – o castigo por ceder-se à chantagem". Não há como esquecer também o gesto vazio e patético do primeiro ministro britânico Neville Chamberlain ao retornar a Londres e dizer que trouxe paz à Europa.

Em 1° setembro de 1939, a Alemanha nazista invadiu a Polônia. A partir daí começa a II Guerra Mundial. O resultado foi 60 milhões de mortos e uma Europa do pós-guerra, como disse Churchill: "um monte de entulho, um ossuário, um terreno fértil para a pestilência e o ódio".

Seis lições do acordo de Munique para os nossos dias:

Não se deve ceder à chantagem.

O discurso retórico de Hitler de reparar as injustiças de Versalhes era um engodo e escondia suas verdadeiras intenções malignas e expansionistas.

Devemos ser tolerantes com os intolerantes?

Muitas vezes, aqueles que mediam situações de conflito não têm como objetivo a busca da conciliação de interesses e vontades divergentes. Na realidade, o(s) mediador(es) quer(em) se isentar e não se comprometer com nenhuma parte.

Quando uma das partes rejeita o acordo de mediação, a sensação de alívio e satisfação do(s) mediador(es) é alcançada e vem seguida da frase: "Eu tentei".

Por fim, Munique nos deixou inúmeras lições históricas que servem para os Estados e servem para a nossa vida pessoal e profissional. Serviu e serve para minha vida.

Vale ressaltar que viajar não é apenas lazer, diversão e entretenimento. É um momento ímpar de conhecer a história, a cultura, a gastronomia, o espírito do povo visitado etc. O ato de viajar nos faz aumentar nossa percepção e visão de mundo. Nossa breve, frágil, mísera e mesquinha existência exige experiências hedonistas como viajar. Ou seja, "quanto mais nos elevamos, menores parecemos aos olhos daqueles que não sabem voar" (Friedrich Nietzsche).

IDENTIDADE AMEAÇADA

No dia 4 de abril de 2012 (185 anos do nascimento de João Niederauer Sobrinho), fui agraciado com o distinto Diploma ao Mérito Niederauer. A honraria militar é concedida pela 6ª Brigada de Infantaria Blindada – Brigada Niederauer àquelas pessoas que, por suas ações e presenças, colaboram com a instituição, promovendo ações de integração entre a unidade militar e a comunidade. Confesso que, até então, pouco sabia sobre o coronel João Niederauer Sobrinho.

Conforme o professor José Antonio Brenner (em seu blog Brenner de Santa Maria), "ele nasceu na colônia alemã de Três Forquilhas no dia 4 de abril de 1827. Filho de imigrantes alemães, foi batizado como Johannes, nome de seu padrinho e tio, e por essa razão passou a ser chamado de João Niederauer Sobrinho. Sua família mudou-se para Santa Maria, em 1840. Depois de quatro anos, Niederauer Sobrinho também se mudou. Depois de incursões militares na Argentina e no Uruguai, como oficial da Guarda Nacional, Niederauer seguiu para a Guerra do Paraguai, como tenente coronel e comandante do 7° Corpo de Cavalaria, organizado por ele, em Santa Maria. Faleceu após a vitória, na Batalha do Avaí, em 13 de dezembro de 1868, aos 41 anos de idade".

Ainda de acordo com professor Brenner, "em sua honra foi erguido um monumento em Santa Maria, o mais antigo e mais importante da cidade, inaugurado em 10 de setembro de 1922".

Além disso, o coronel Niederauer (paradigma do cidadão-soldado) foi escolhido Patrono da Brigada pelos exemplos legados: dedicação, coragem e amor ao Brasil.

Lamentavelmente, em dezembro de 2012, a coroa de folhas de louro e acanto, que circunscrevia a inscrição "Pátria, Honra e Valor" foi furtada. Exemplos típicos de negligência, desmazelo e desrespeito com os valores do passado tem sido frequentes em Santa Maria (e por que não dizer em todos os recantos do país).

Tivemos no dia 3 de janeiro do ano de 2018, mais um episódio triste em relação ao descaso com o patrimônio histórico. Foi encontrada a cabeça do busto em homenagem ao santa-mariense João Cezimbra Jacques, que fica na Praça General Osório, conhecida como Praça do Mallet, em Santa Maria. A estrutura foi alvo de vandalismo.

Argentina (Buenos Aires) – 2014

Bem, foi no seio familiar e no ambiente escolar que aprendi a valorizar a história de meus antepassados e da pátria em que nasci. Agora, um belo exemplo dessa comunhão cidadão-pátria, quem me demostrou foram nossos hermanos.

Visitei Buenos Aires – pela primeira vez – em novembro de 2014. Fiquei encantado pela grande variedade de atividades culturais que se refletem em diferentes expressões artísticas, como o teatro, a pintura, a escultura, a música e a literatura.

Buenos Aires é uma das grandes capitais do teatro. O teatro Colón é um ponto de referência nacional para os espetáculos de ópera e música clássica.

Em três dias de viagem, conheci Puerto Madero, Caminito, La Boca, Palermo etc. Saboreei gostosos vinhos, a cerveja Quilmes, milanesa com papa e carnes suculentas (bife de chorizo).

Assisti a uma exibição de tango, gênero musical mais tradicional da Argentina. Tirei fotos no estádio La Bombonera do Boca Juniors. Vi a Plaza de Mayo, o Obelisco, Cementerio de la Recoleta e a Casa Rosada.

Foi uma viagem incrível, divertida e instrutiva.

O maior aprendizado da viagem foi a forma respeitosa que os argentinos tratam seus monumentos. O zelo pelo monumento à famosa personagem Mafalda, por exemplo, um ícone argentino, é impressionante. A ideia de monumento está relacionada com lembrança, memória, herança cultural, identidade etc.

Essa lição argentina de cidadania, respeito pelo patrimônio público, de dar valor a sua memória coletiva, ao seu passado, reforçou uma visão particular que tenho em relação aos monumentos no Brasil: temos de preservá-los e enaltece-los. Se não o fazemos, tem algo errado aí.

Para bem ou para mal: não vamos demolir os engenhos de açúcar porque eram acionados por escravos; nem queimar ou proibir livros porque não apreciamos as ideias e pensamentos neles contidas. Tudo são monumentos, são referências à cultura humana como um todo. Neles, está contida a capacidade do ser humano para produzir coisas maravilhosas ou tenebrosas, que não devemos esquecer para não repetir. Concordam com isso?

E, nesse sentido, percebo que o(s) caminho(s) para o nosso aprimoramento como povo – brasileiro – se traduz na forma como lidamos com o passado e, principalmente, como o projetamos para o futuro.

UMA PORTA
FORA DO TEMPO

Minha mente vagueia como pássaros. Voa longe. Meu coração palpita. Sinto a brisa leve tocar o meu rosto. Um aroma agradável de alecrim se espalha pelo ar. Sinto a presença de algo precioso e misterioso que se aproxima. Epifania. Uma sensação profunda de realização, no sentido de compreender a essência das coisas, como a última peça do quebra-cabeça que forma a imagem. As lágrimas escorrem em profusão.

Pouso e contemplo maravilhado e em êxtase uma das mais belas praças do mundo: a Praça de São Pedro. Localizada no Vaticano, aos pés da Basílica de São Pedro. As dimensões da praça são espetaculares: 320 metros de comprimento e 240 metros de largura. Nas liturgias e acontecimentos mais destacados, a Praça de São Pedro chegou a abrigar mais de 300.000 pessoas.

A construção da praça aconteceu entre 1656 e 1667, realizada por Bernini com o apoio do papa Alexandre XII. O mais impressionante da praça, além do seu tamanho, são as 284 colunas e 88 pilastras que circulam a praça em um pórtico de quatro filas. No alto das colunas há 140 estátuas de santos feitas em 1670 pelos discípulos de Bernini.

No centro da praça se destaca o obelisco e as duas fontes, uma de Bernini (1675) e outra de Maderno (1614). O obelisco, de 25 metros de altura, foi levado a Roma do Egito em 1586. A forma mais espetacular de chegar à Praça de São Pedro é pela *Via della Conciliazione*, uma longa rua que começa no Castelo de Sant'Angelo.

A Praça de São Pedro parece um caminho para o eterno. Uma porta fora do tempo para um lugar onde nada muda e toda a existência está em repouso. É isso que rituais, palavras e lugares sagrados fornecem: as preces, os cantos, os costumes, os passos e os gestos que devem ser repetidos de maneira exata e para os quais não há outra explicação além de que "é assim que as coisas são feitas". Isso que é vivenciar uma experiência religiosa primordial, que usa a repetição como ícone da eternidade.

Desperto de meu sonho. Ligo a luz do *abajour*. Apanho e abro a Bíblia (aletoriamente) no livro Eclesiastes e leio em voz alta: "Assim eu concluí que nada é melhor para o homem do que alegrar-se e procurar o bem-estar durante sua vida; e que comer, beber e gozar do fruto de seu trabalho é um dom de Deus. Reconheci que tudo o que Deus fez subsistirá sempre, sem que se possa ajuntar nada, nem nada suprimir. Deus procede dessa maneira para ser temido. Aquilo que é, já existia, e aquilo que há de ser, já existiu; Deus chama de novo o que passou".

Sorrio e volto a dormir. Espero regressar em breve.

DEIXE-SE LEVAR PELAS BELEZAS DO MUNDO AO SEU REDOR

Ser autêntico na vida, às vezes, envolve dizer o que ninguém espera escutar. Existe uma história que ilustra bem essa questão.

Uma professora pediu a alguns estudantes que elegessem as sete maravilhas do mundo atual. Enquanto os votos eram apurados, a professora notou que uma jovem calada ainda não havia mostrado o que escrevera e por isso perguntou se ela estava com dificuldades para completar a lista.

- Estou, respondeu Sofia. – Não consigo me decidir. São tantas!

- Bem, então leia o que já escreveu e talvez possamos ajudá-la, disse a professora.

Sofia hesitou antes de responder:

- Acho que as sete maravilhas do mundo são: ver, ouvir, tocar, provar, sentir, rir e amar.

A sala de aula ficou em silêncio. A verdade é que nunca pensamos nessas coisas tão simples e corriqueiras como as maravilhas que verdadeiramente são.

Marcel Proust afirmou (em uma de suas reflexões mais célebres): "a verdadeira viagem de descobrimento não consiste em buscar novas paisagens, mas sim em ter novos olhos".

Corrobora da mesma opinião, o escritor e cineasta Paul Auster que concluiu: "Dizem que é preciso viajar para ver o mundo. Às vezes acho que estando quietos em um único lugar, com os olhos bem abertos, somos capazes de ver tudo o que podemos usar".

Conímbriga

Nesse sentido, relembro de uma viagem que meus sentidos afloraram. Tive uma impressionante experiência sensorial (principalmente relativa a visual) numa viagem que fiz as ruínas romanas de Conímbriga. Tem-se conhecimento da existência de Conímbriga já no século XVI. Porém, nenhum trabalho seria feito até o século XIX (1898) quando começaram as primeiras escavações. Em 1899, as primeiras sondagens importantes e o estudo científico do achado.

Conímbriga é um dos maiores sítios arqueológicos dos que há vestígios em Portugal. Localiza-se a 17 km de Coimbra, a estação inclui o Museu Monográfico de Conímbriga, onde estão expostos muitos dos artefatos encontrados nas escavações arqueológicas.

Fiquei surpreso ao ver as escavações de edifícios públicos, anfiteatro, fórum, praça, templo, termas e casas romanas. Contemplava maravilhado e ciente da civilização que por ali passou. Estava também admirado e encantando com a paisagem campestre ao redor. Era um frenesi.

Conímbriga foi um local em que a história da pequena Sofia fez sentido para mim. E relembrei também as poderosas palavras da ativista americana Hellen Keller, que, mesmo cega, surda e muda, foi capaz de desfrutar dos sentidos que lhe restavam em experiências quase místicas. São delas as seguintes palavras: "Use os olhos como se fosse ficar cego amanhã [...] Escute a música das vozes, o canto dos pássaros, as pequenas notas de uma orquestra, como se amanhã fosse ficar surdo. Toque cada objeto como se o sentido do tato lhe fosse faltar amanhã. Sinta o aroma das flores e o sabor de cada bocado de comida como se amanhã já não pudesse cheirar nem sentir o gosto de nada".

Caro leitor, conduzido pelas palavras de Hellen Keller e a bela história de Sofia, deixe-se levar pelas belezas do mundo ao seu redor.

INSENSATEZ

Danúbio Azul

Anoiteceu. Contemplo o Danúbio. Famoso rio inspirador de poetas, músicos, artistas e pessoas em geral. O Rio Danúbio percorre uma extensão continental. É o segundo rio mais longo da Europa (depois do Volga), e tem entre 2845 e 2888 km de extensão, atravessando o continente de oeste a leste, desde sua nascente na Floresta Negra (Alemanha) até desaguar no mar Negro, no delta do Danúbio (Romênia).

Passa por diversos países da Europa: Alemanha, Montenegro, Bulgária, Hungria, Áustria, Moldávia, Eslováquia, Ucrânia, Sérvia, Croácia e Romênia.

Johann Strauss (filho), austríaco compositor, fez em homenagem ao rio uma valsa sem igual: Danúbio Azul. Que praticamente transformou-se no Hino não oficial da Áustria. A valsa tornou-se tão popular que, tanto na Alemanha, quanto no Brasil, consagrou-se chamá-la abreviadamente.

Budapeste

Caminho por Budapeste. Capital da Hungria. Budapeste é um importante centro financeiro da Europa. Considerada a sexta maior cidade da União Europeia. Bem como, a sexta cidade mais visitada da Europa e o vigésimo quinto maior destino de turistas no mundo.

Foi classificada como a melhor área urbana da Europa Central e do leste europeu em qualidade de vida, de acordo com a conceituada *Economist Intelligence Unit*.

Para a revista *Forbes*, Budapeste é classificada como um dos lugares idílicos da Europa e pela *UCityGuides* é vista como a nona cidade mais bonita do mundo.

Chego ao Suttogó Piano Bár. É um aconchegante restaurante de música ao vivo no centro de Budapeste. Tem bons coquetéis e uma abundância de entradas. Escolhi o meu local com uma bela esplanada e vista para o chef.

Delicio-me com a cerveja húngara Soproni (ela tem esse nome por causa da cidade onde fica a fábrica, Sopron). No piano bar, uma jovem e linda mulher começa a tocar. Canta acompanhada de um corpulento rapaz tocando saxofone: *"how insensitive, I must have seemed, when she told me that she loved me, how unmoved and cold, i must have seemed, when she told me so sincerely..."* (A insensatez que você fez, coração mais sem cuidado, fez chorar de dor, o seu amor, um amor tão delicado, ah, porque você foi fraco assim, assim tão desalmado, ah, meu coração que nunca amou, não merece ser amado...").

Sorri feliz e orgulhoso. Reconheci os acordes musicais.

How Insensitive (Insensatez) é composição do maestro Antônio Carlos "Tom" Jobim e do poeta Vinicius de Moraes. A música foi gravada originalmente por João Gilberto em 1961 e teve dezenas de gravações nacionais e internacionais.

A Bossa Nova, gênero musical brasileiro dos anos 50, misturava samba com jazz. Tornou-se um dos movimentos mais influentes da história da música popular brasileira, conhecido em todo o mundo. Um grande exemplo disso é a canção "Garota de Ipanema", composta em 1962 por Vinícius de Moraes e Antônio Carlos "Tom" Jobim.

Após *How Insensitive* (Insensatez), a diva húngara cantou *The Girl from Ipanema* (Garota de Ipanema) e outros sucessos da MPB

(Música Popular Brasileira). Além de minhas palmas efusivas a cada fim de música, parabenizei os artistas pelo desempenho musical. Foi uma grata e inesperada surpresa ouvir MPB em Budapeste.

Passados 20 anos da viagem para a Hungria, ainda me recordo daquela noite adorável e sinto um orgulho imenso de saber que a Bossa Nova foi um movimento musical e estético expressivo no Brasil e no mundo.

Lamentavelmente, fico perplexo ao conferir na lista das músicas mais ouvidas (acessadas) em 2018, os seguintes nomes: 1) Que tiro foi esse (Jojo Maronttinni); 2) Deixe-me ir (1kilo); 3) Dona Maria (Thiago Brava); 4) Sobre Nós (*Pineapple*); 5) Apelido carinhoso (Gusttavo Lima) etc.

Na breve e indignada reflexão de Arnaldo Jabor acerca da música Que tiro foi esse, Jabor sintetiza meu sentimento de angústia e desamparo nestes tristes e sombrios momentos que vivemos no Brasil:

QUE TIRO FOI ESSE?

Arnaldo Jabor

Que tiro foi esse?

Que deram nos cérebros brasileiros roubando-lhes a capacidade de pensar sobre o que cantam e não proclamar o que encanta

Que tiro foi esse?

Que acertou os tímpanos do nosso povo fazendo-os ouvir lixo achando que é música

Que tiro foi esse?

Que acertou os olhos de uma nação fazendo-os cegos às mazelas do nosso país

Que tiro foi esse?

Que paralisou o nosso povo impedindo-os de reagir aos constantes assaltos aos cofres públicos

Que tiro foi esse?

Ah, Brasil! Que tiro foi esse que nos acertou em cheio, que roubou o nosso brilho e que nos fez retroceder?

É verdade que nós não sabemos de onde veio o tiro, mas é bem certo que esse tiro já derrubou muita gente

Que Deus nos ajude!!

UMA ESTREIA

Caro leitor, a partir de hoje terei a oportunidade de escrever neste espaço. Vou compartilhar e relatar experiências de viagens internacionais - Buenos Aires, Varsóvia, Viena, Roma, Paris, Moscou, Budapeste, Londres, Madri, Lisboa, Nova Iorque etc. -, histórias ouvidas e situações engraçadas, aventuras e desventuras, letras de músicas, medos e ousadias, registros de saudade e tantas outras coisas.

A ideia é oferecer o sabor dos momentos mágicos que a vida nos proporciona por meio das viagens. Uma das melhores coisas que você pode fazer na sua vida para se divertir e também para se educar é viajar.

Quase quarentão, muitos caminhos já percorri na vida. E mesmo assim, continuo o mesmo faminto, curioso por saber e conhecer novas pessoas e lugares. Conhecer outras culturas e entender o que é ser um estrangeiro pode ser uma revelação. Por outro lado, viajar por um país grande como o Brasil pode abrir seus olhos também. Visitar novas cidades nesse país continental pode ser parecido com viajar para outros países. Sempre há muito a conhecer.

Eu, eu mesmo.

Sou professor universitário da área de Relações Internacionais. Paulistano. Estou radicado em Santa Maria desde 2009. Curiosamente, em 1978 (ano de meu nascimento), meu pai, cuja alma gaúcha não esconde de ninguém, teve oportunidade de escolha para ser transferido para Santa Maria. Minha mãe não aceitou. Dizia ela: "frio, muito frio".

Trinta anos depois, aprovado em concurso público pela Universidade Federal de Santa Maria, conheci o município que poderia ter sido minha cidade natal. Em relação a essa incrível "cilada do destino", é formidável a frase da escritora Martha Medeiros "a vida segue acontecendo nos detalhes, nos desvios, nas surpresas e nas alterações de rota que não são determinadas por você".

Convido você, leitor, a acompanhar meus textos neste espaço digital do *Diário* e a cumprir a antiga lenda chinesa: "um fio invisível conecta os que estão destinados a se encontrar. O fio pode esticar ou emaranhar-se, mas nunca irá se partir".

Por fim, associado a essa lenda chinesa do fio, meu amigo leitor, relembro das mulheres de Okinawa, no Japão (cidade famosa pela longevidade e pelo espírito comunitário) que ensinam o significado da expressão: *icharida code* – quando você conecta a alguém – mesmo que apenas uma vez, mesmo por obra do acaso – vocês se tornam parceiros para a vida inteira. A partir de agora, a nossa parceria eterna começa.

ÁUSTRIA, FREUD E MAL-ESTAR DA CIVILIZAÇÃO

Junho de 1998

São Paulo, aeroporto de Cumbica

Vinte anos de idade. Era a primeira viagem à Europa. Na realidade, era a primeira viagem ao exterior. Eu era tímido e inseguro. Meu inglês – apesar de inúmeros cursos feitos desde os seis, sete anos de idade – era travado. Não conseguia me comunicar efetivamente. Ficava preocupado com a pronúncia correta das palavras e ser impecável no tempo verbal, pronomes, preposições etc.

Hoje sei que a preocupação com todos esses detalhes impede a fluência em qualquer língua estrangeira. A ideia é se comunicar e ser entendido. Por isso, precisamos mudar a nossa concepção do aprendizado de línguas. Não basta estudar para passar na prova, evoluir para o próximo estágio de seu curso e depois esquecer tudo o que decorou. É fundamental utilizar o instinto, a intuição e a criatividade. Ter um objetivo claro, uma motivação forte, uma necessidade palpável. Priorizando a linguagem oral para ser capaz de trabalhar, passear, fazer amigos, exercer atividades, compartilhar a nova cultura com a mesma fluência e desenvoltura da língua materna.

Julho de 1998. Áustria-Viena

Em julho de 1998, após quase um mês de Europa, visitei a Áustria. Um dos pontos turísticos de Viena é a casa de Sigmund Freud (1859-1939), o famoso médico neurologista e fundador da psicanálise. Suas ideias sobre o inconsciente e a sexualidade desenvolvidas a partir de procedimentos terapêuticos revolucionaram as interpretações humanas no século XX. A casa museu tem diversos objetos que pertenceram ao pai da psicanálise, o Freud Museum. Foi nessa casa que Freud desenvolveu suas técnicas, estudos, escreveu seus livros e viveu com sua esposa e filhos.

O museu nos mostra diversas fotos de Freud com seus amigos e intelectuais da época, além de objetos e obras de arte. Soma-se a isso que a entrada ao museu dá direito a um áudio-guia, recheado de informações e curiosidades sobre a vida de Freud. O museu encontra-se na Rua Berggasse número 19, num prédio no distrito 9 de Viena, a poucos metros da estação de metrô Schottenring.

No seu clássico livro *Mal-Estar da Civilização* – escrito às vésperas do colapso da Bolsa de Valores de Nova York em 1929 e publicado em Viena no ano seguinte – Freud descreve a natureza humana: "O ser humano não é uma criatura branda, ávida de amor, que no máximo pode se defender, quando atacado, mas sim que ele deve incluir, entre seus dotes instintuais, também um forte quinhão de agressividade. Em consequência disso, para ele o próximo não constitui apenas um possível colaborador e objeto sexual, mas também uma tentação para satisfazer a tendência à agressão, para explorar seu trabalho sem recompensá-lo, para dele se utilizar sexualmente contra a sua vontade, para usurpar seu patrimônio, para humilhá-lo, para afligir-lhe dor, para torturá-lo e matá-lo".

Na concepção de Freud, há uma hostilidade inata e primária do ser humano. Freud afirmava que apesar da evolução tecnológica e científica, os excessos mais grosseiros da violência – em todos os aspectos – estão presentes. Ou seja, mesmo com o avanço tecnológico e científico que tivemos, de acordo com Freud, isso não favoreceu a humanidade para que ela se tornasse mais feliz e tivesse mais prazer.

Hoje em dia, não há dúvida que é uma ilusão acreditar que a melhoria tecnológica-cientifica levará a "civilização" humana a outro patamar.

Nesse sentido, o sociólogo Bauman (1925-2017) afirma que atualmente, "vivemos numa modernidade líquida que traz consigo uma misteriosa fragilidade dos laços humanos – um amor líquido. A insegurança inspirada por essa condição estimula desejos conflitantes de estreitar esses laços e ao mesmo tempo mantê-los frouxos". Diz, ainda Bauman: "damos prioridade a relacionamentos em "redes", as quais podem ser tecidas ou desmanchadas com igual facilidade – e frequentemente sem que isso envolva nenhum contato além do virtual -, não sabemos mais manter laços a longo prazo".

É uma triste constatação e um alerta revigorante de nossos tempos sombrios.

MOBILIDADE

Fui a Portugal, em setembro de 2015, para um compromisso na cidade de Coimbra. Na capital portuguesa (Lisboa) decidi viajar de trem até o meu destino. Minto. Na verdade, foram os amigos que me aconselharam a fazê-lo, para apreciar as belas e típicas paisagens da região. Uma hora antes do horário marcado, lá estava na estação Oriente. Ansioso e tenso. E se o trem (comboio) atrasasse, pensava inquieto. Pois bem, preocupei-me à toa. O trem chegou e saiu pontualmente na hora estabelecida. Considerei um belíssimo exemplo de respeito ao usuário.

Acredito que, por causa do nervosismo, tive dificuldade de encontrar o meu vagão ou carruagem, como lá é chamado. Depois de idas e vindas pelas carruagens (vagões) encontrei a poltrona (assento). Sentei e olhei através da ampla janela. Suspirei relaxado. Sentia-me pronto para apreciar a paisagem tão exaltada pelos amigos. Mas não consegui ver nada, de imediato. Uma súbita emoção singrou do meu peito até o rosto e marejaram meus olhos.

Tempos depois, senti-me extremamente grato pelas lágrimas. Elas além de não conseguirem ofuscar a estonteante paisagem das colinas, das encostas, das pradarias e dos campos exuberantes que corriam através dos meus olhos, trouxeram-me à lembrança os versos do poeta Luís Vaz de Camões (1524-158): "Oh, mar quanto do teu sal são as lágrimas de Portugal... e Verdes são os campos, de cor de limão: assim são os olhos do meu coração...".

Embalado pelo contínuo movimento do trem, vieram à mente as histórias de meus antepassados e, principalmente, as raízes históricas e culturais que nos ligam a Portugal. Por isso, deixei a imaginação à solta. E com a visão dos castelos, conventos, mosteiros, ruínas e fortificações senti ser transportado para outros tempos. E esses lugares estavam tomados por cavaleiros, príncipes, reis e formosas rainhas como Inês de Castro, "a que foi sem nunca ter sido.".

Bem, foi a sonoridade musical dos diálogos entre dois senhores de idade avançada, sentados ao meu lado, que me trouxeram de volta à realidade. Relatavam entre si fatos relativos às viagens empreendidas por cada um deles, por meio de inúmeros países: Indonésia, Istambul, Egito, Cuba, Argentina, Peru, Japão e mundo afora. Meditei comigo: esses viajantes, juntos, sem dúvida, parecem uma versão verbal do mapa-múndi.

Ouvi-os fazerem considerações críticas, discursarem a respeito dos encantos e desencantos de cada lugar e apontarem soluções. E num tom saudosista manifestarem a alegria de estarem de volta à terra natal. Ao lar.

A partir daquela conversa entremeada de referências turísticas, pensei acerca do significado de mobilidade. Mobilidade é sinônimo de qualidade ou propriedade do que é móvel ou obedece às leis do movimento.

Aprendi que o ser humano é por natureza um *homo viator* ("homem caminhante": aquele que viaja).

Ao longo da história da humanidade não houve desafio que o impedisse de migrar em busca de novos horizontes.

Atualmente, as distâncias já não significam nada para nós.

De um lado, os meios de transportes que percorrem grandes distâncias com rapidez e conforto (o automóvel oferece uma gostosa sensação de independência).

De outro, os meios de comunicação que, com os avanços tecnológicos, nos conectam num toque com o mundo (a "locomoção virtual" da TV e da internet em tempo real ainda assombra muita gente).

Nos dias de hoje, um dos dilemas da mobilidade é que ela se tornou o próprio objetivo. Há pessoas, por exemplo, que precisam preencher o seu tempo com mil atividades, sobrecarregam-se de funções, de estímulos, de distrações: necessitam estar em constante movimento (rotação, ebulição) sem metas estabelecidas. Esquecem, porém, que a mobilidade possui um princípio fundamental: alcançar um destino.

A grande maioria de nós busca mover com propósito definido de alcançar um lugar especial. Nele encontramos sossego e calma, proteção, aconchego e companhia. Nele relacionamos com amor e afeto, sem medo e sem distinção. Nele cultuamos as tradições, os ideais, os sonhos, os pensamentos dos que vieram antes de nós e dos que estão ainda por vir. A esse lugar especial damos o nome de "Lar". Falaremos mais dele no nosso próximo encontro.

AUSCHWITZ

Depois de algumas horas de viagem havíamos chegado à pequena cidade polonesa de Oswiecim, batizada pelos alemães de Auschwitz.

Nos arredores da cidade encontra-se o antigo campo de concentração (extermínio) construído pelos nazistas, Auschwitz-Birkenau. Já no portão de entrada víamos a sádica inscrição *ARBEIT MACHT FREI* (O trabalho leva a liberdade). Na frente do portão, trilhos ferroviários. Neles era conduzido o "gado humano": muita gente, crianças, mulheres, homens jovens e velhos. Ficavam dias sem comer e beber. Algumas vezes, semanas. Nos olhos deles ainda restava a esperança. Era um vislumbre, uma centelha de esperança. Muitos sabiam que o fim estava próximo.

Somente visitando Auschwitz compreendi o que foi a horrível máquina construída para o extermínio sistemático de seres humanos. Auschwitz incorpora todo o Holocausto, os seis milhões de judeus mortos, os milhões de seres humanos brutalmente assassinados pelos nazistas entre 1933 e 1945.

O sentimento de culpa

A culpa é um dos sentimentos mais horríveis que podemos sentir. Mas devemos diferenciar do sentimento de culpa. Acredito que o sentimento de culpa não significa necessariamente ter culpa. O sentimento de culpa é algo subjetivo. Muitas gerações de alemães ainda carregam a culpa mesmo por não terem vivido na década 30,40. Ninguém deveria ser culpado pelas ações de seus pais ou de seus antepassados. Eu senti naquele ambiente negativo o sentimento de culpa. Parecia que eu tinha responsabilidade por tudo que aconteceu naquele lugar. Senti empatia.

Empatia.

É interessante que a empatia pode nos colocar no lugar do outro. Vivenciar algo que não presenciamos. Sentir-se no lugar do outro. Eu senti. O coração palpitou. Lágrimas caíram. E as pernas tremiam. Eu tentava imaginar o desespero e o horror daqueles que sobreviveram e morreram.

PELAS RUAS DA RÚSSIA, A EXPRESSÃO DA SAUDADE

Fim de julho. 20 anos de idade. 1998. Moscou.

Estava em Moscou há mais de 20 dias. Moscou é uma bela cidade. Grandiosos monumentos. Pontos turísticos famosos: a Praça Vermelha, o complexo do Kremlin, o teatro Bolshoi e a catedral de São Basílio.

A temperatura estava agradável. O Sol refulgia no céu límpido, as árvores pareciam mais verdes, e as flores mais alegres a sua benéfica influência. Era manhã – uma clara e balsâmica manhã de verão. A menor das folhas e o mais diminuto dos talos de grama palpitavam de vida. Os pássaros cantavam nos ramos. A borboleta, revoluteando, aquecia-se aos cálidos raios do sol; miríades de insetos estiravam as asas transparentes e gozavam a breve, posto que feliz existência. Caminhava tranquilamente. Meu sonho, meu desejo se cumpria: conhecer a capital da Rússia. Estava maravilhado e em êxtase. Nada escapava ao meu olhar. Tudo era brilho e esplendor.

A Rússia sempre me encantou pelos escritores, músicos e a formidável história de luta, revolução e guerras. Relembro que nossos guias turísticos – fui para estudos com um grupo de alunos de Relações Internacionais da Pontifícia da Universidade de São Paulo – eram de origem chechena. Muitos deles eram órfãos da guerra entre Rússia e Chechênia. E tinham sido adotados por famílias russas.

Depois de dias de curso sobre a Rússia no período de transição no Insituto da Latino América da Academia de Ciências da Rússia ainda faltavam alguns dias para o retorno tão esperado.

A volta para casa

A saudade de casa ecoava dentro de mim. Naquele momento, fez sentido os versos do poetinha Vinicius de Moraes no poema Pátria Minha:

"Se me perguntarem o que é a minha pátria, direi: Não sei. De fato, não sei

Como, por que e quando a minha pátria

Mas sei que a minha pátria é a luz, o sal e a água

Que elaboram e liquefazem a minha mágoa

Em longas lágrimas amargas".

Quase dois meses fora de casa me deram uma nostalgia. E comecei a entender o que significa saudade. Saudade. Sentimento paradoxal. Misto de alegria e tristeza. Que causa risos e lágrimas. Que provoca, irrita, inspira e relaxa. Que desperta lembranças. Como é gostoso o cheiro das lembranças. As lembranças têm cheiros. O impacto emocional que um aroma é capaz de provocar pode nos marcar para sempre. Para o escritor francês Marcel Proust, o resgate da lembrança da infância é composto por chá com Madeleine, como confidencia ao recorrer à memória olfativa no primeiro dos setes volumes de *Em busca do Tempo Perdido*. Por fim, aceitar a transitoriedade da vida é o segredo para sentir uma saudade boa. Nossa vida é repleta de chegadas e partidas. O ano começa e termina. Os amores vêm e vão. Amigos surgem e desaparecem. Cursos se iniciam e acabam. Festas e viagens têm começo e fim. Deixamos e carregamos dentro de nós tudo o que vivemos, em cada ciclo que fechamos.